TATUAJES

DE CRUZ

JOHNNY KARP

Tatuajes de cruz
Johnny Karp

ISBN 978-0-9866426-8-5

Impreso en EE.UU

Otros libros con el mismo autor

- Tatuajes de mariposas
- Tatuajes de ángeles
- Tatuajes de calaveras
- Tatuajes de hadas
- Tatuajes de zodiaco
- Tatuajes de escorpiones
- Tatuajes de colibrí
- Tatuajes de dragones
- Tatuajes de delfines
- Tatuajes de querubín

Más libros, en desarrollo.

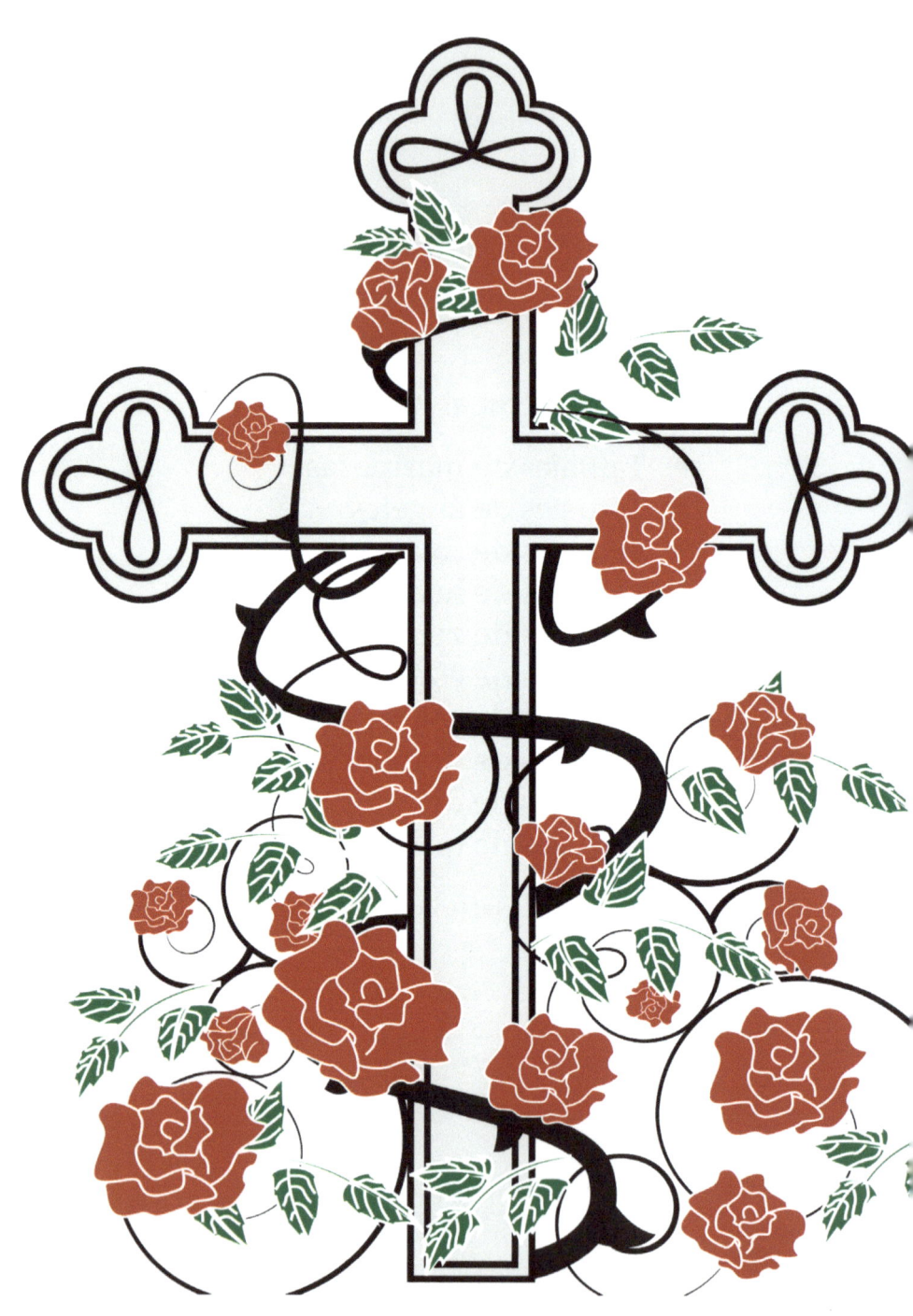

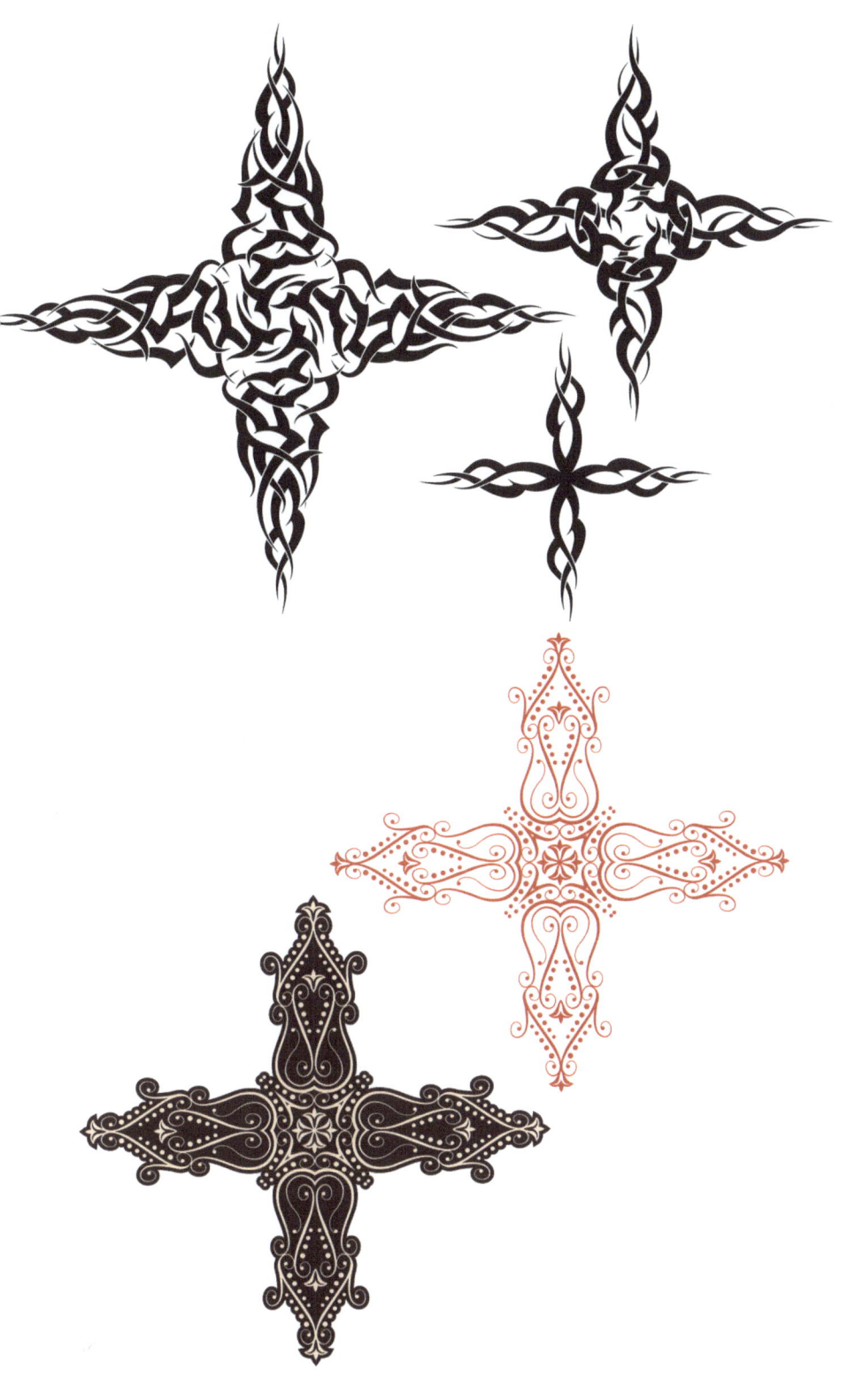

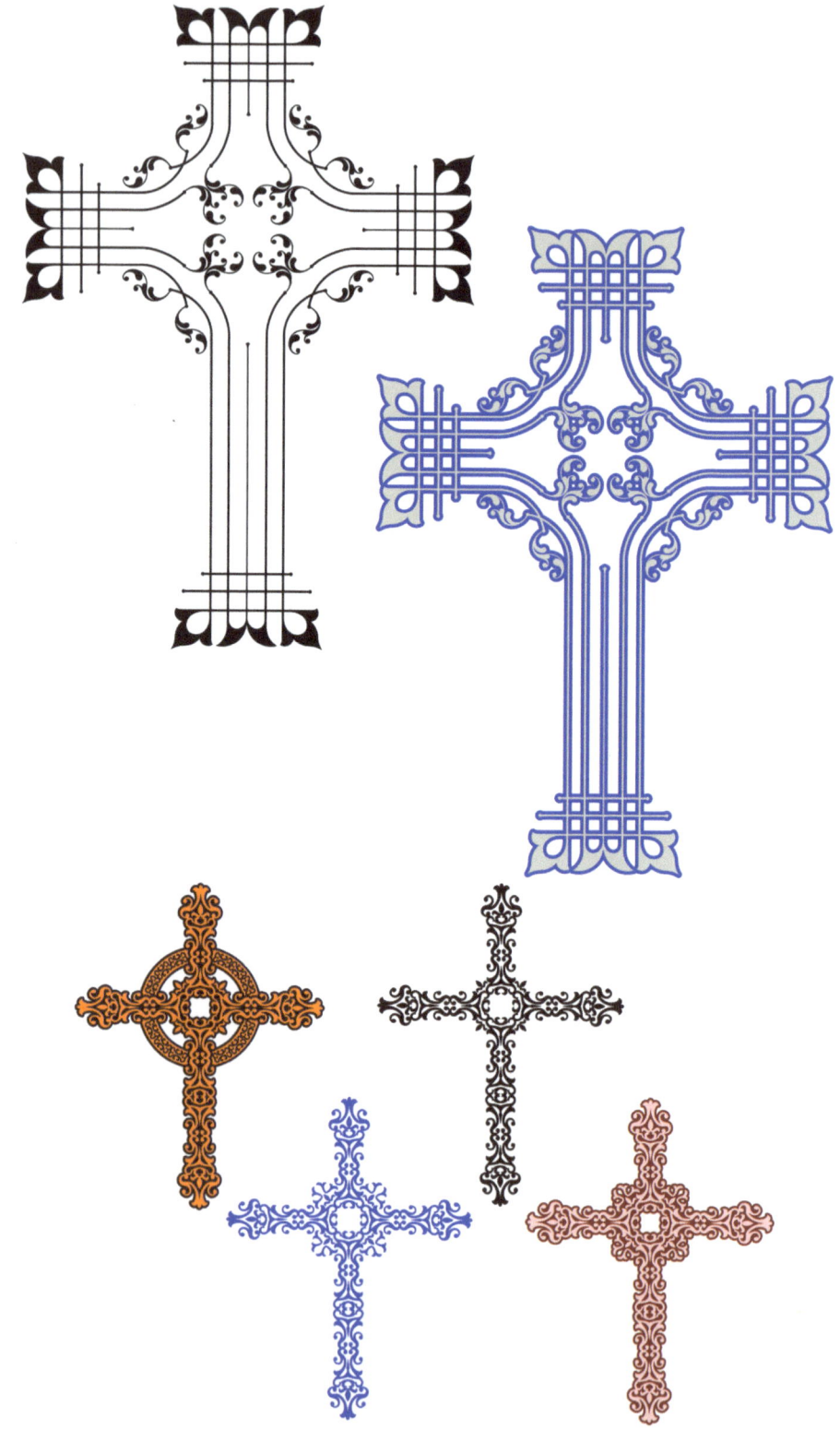

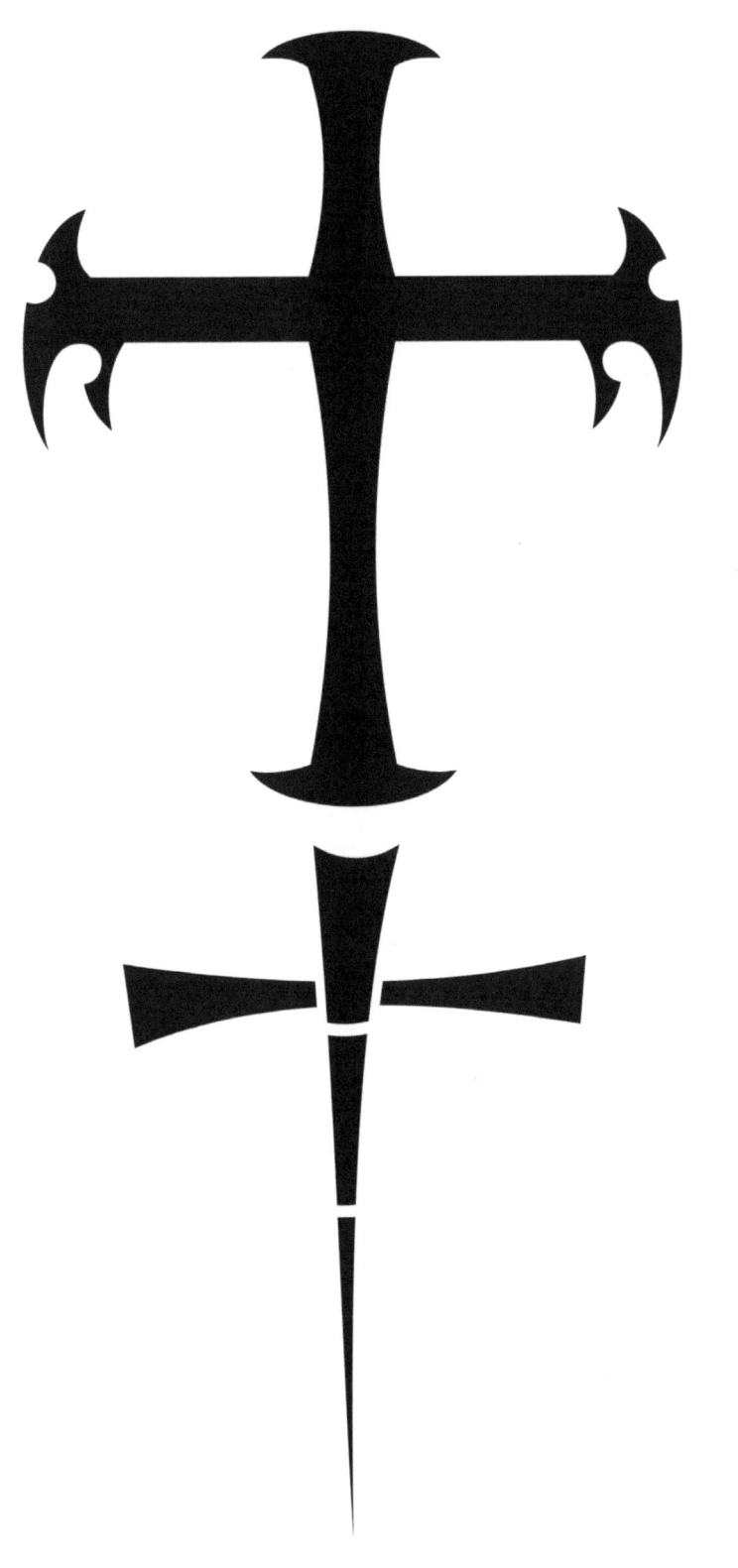

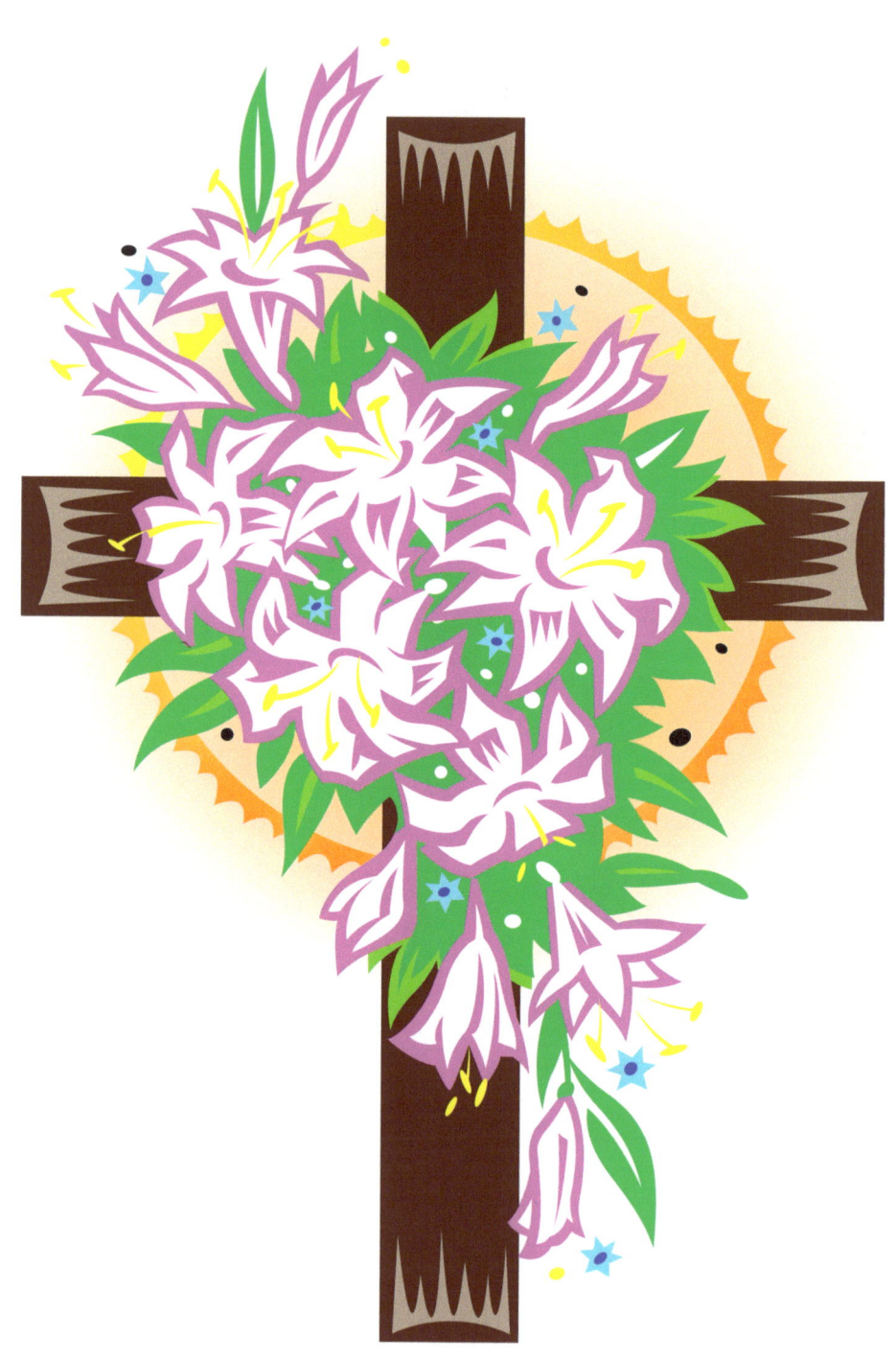

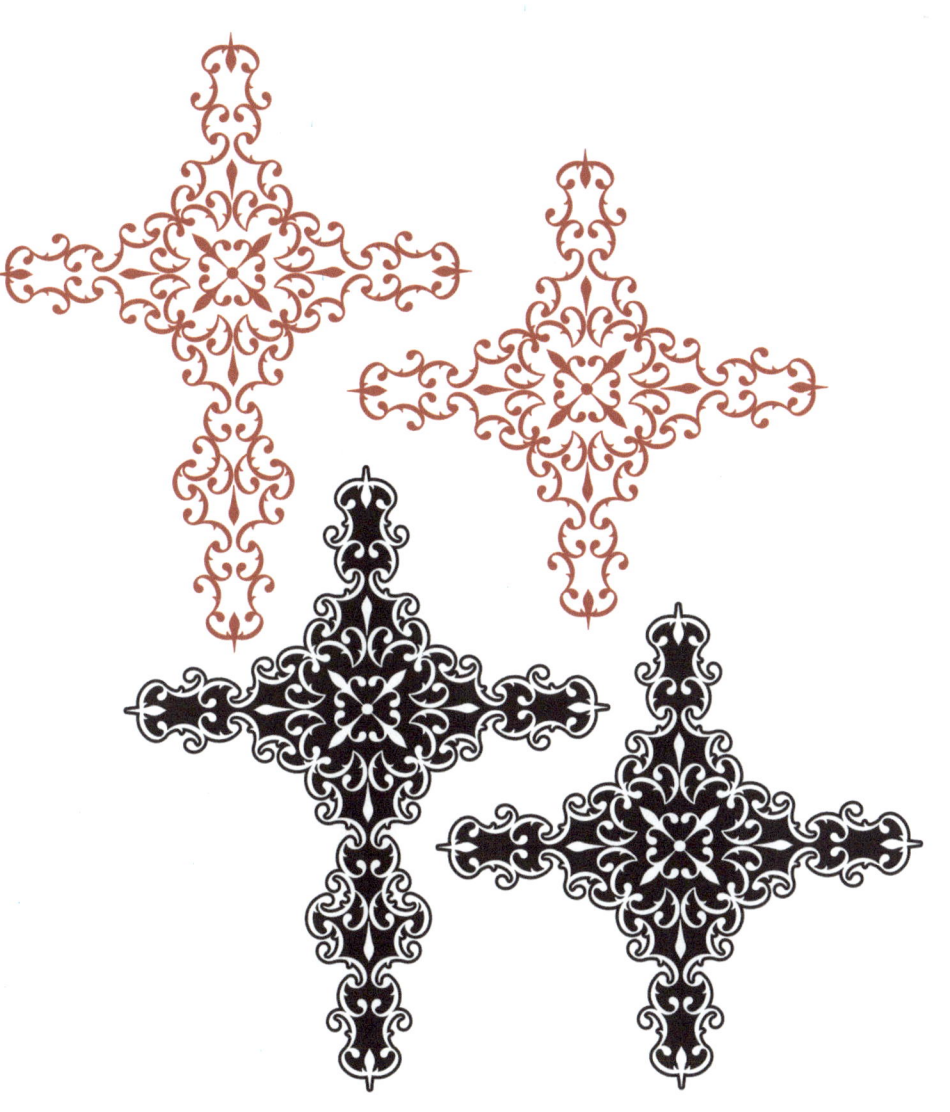

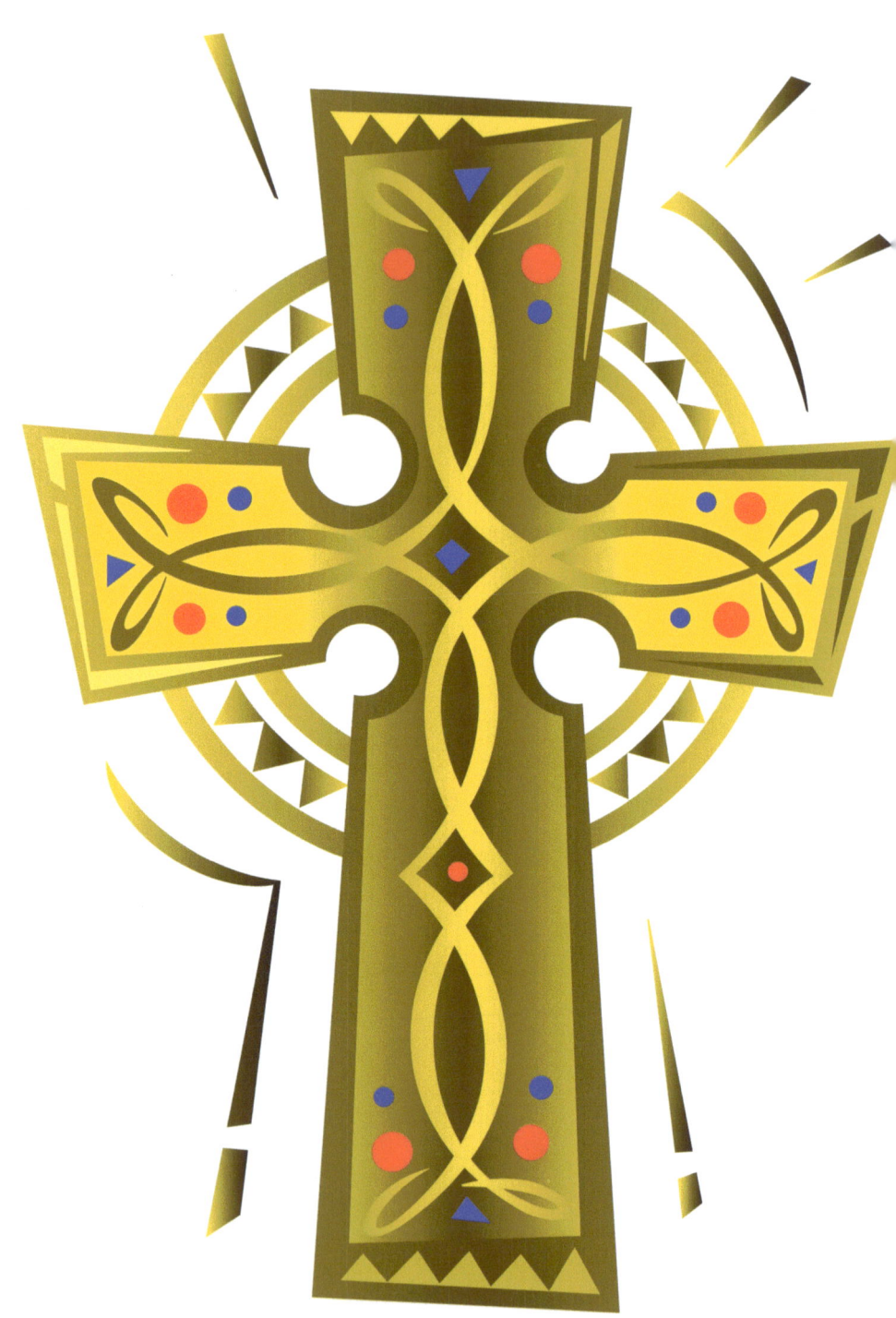

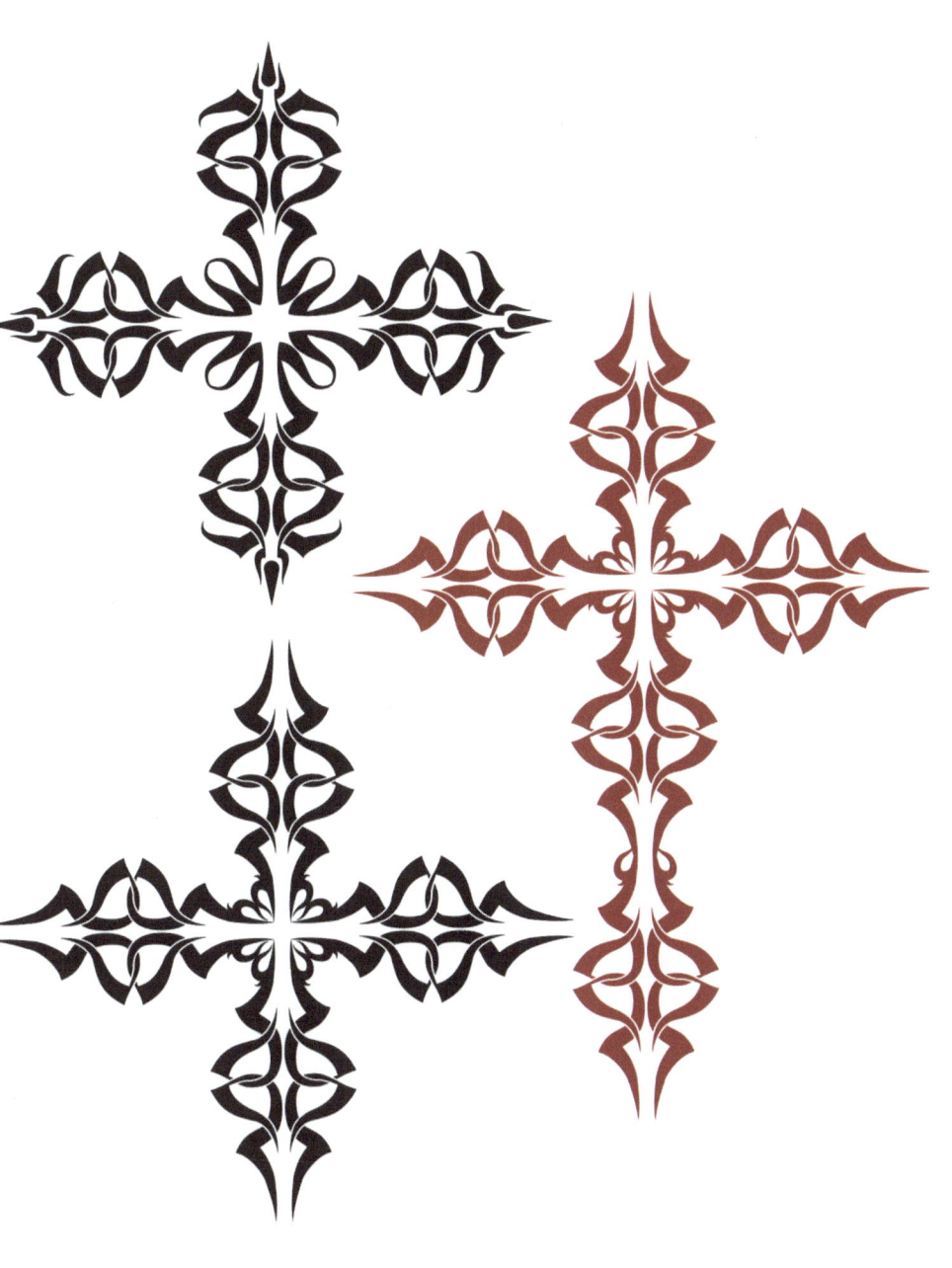

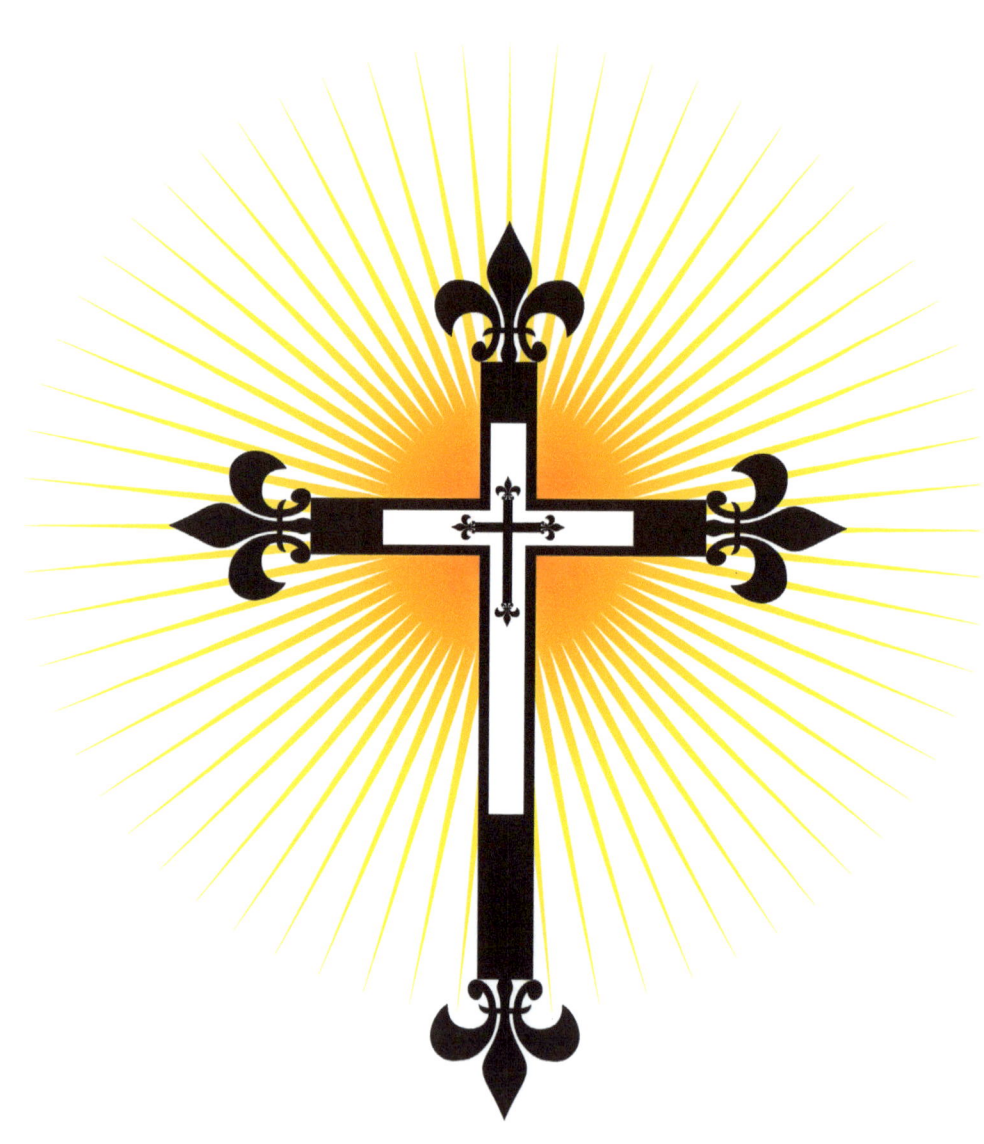

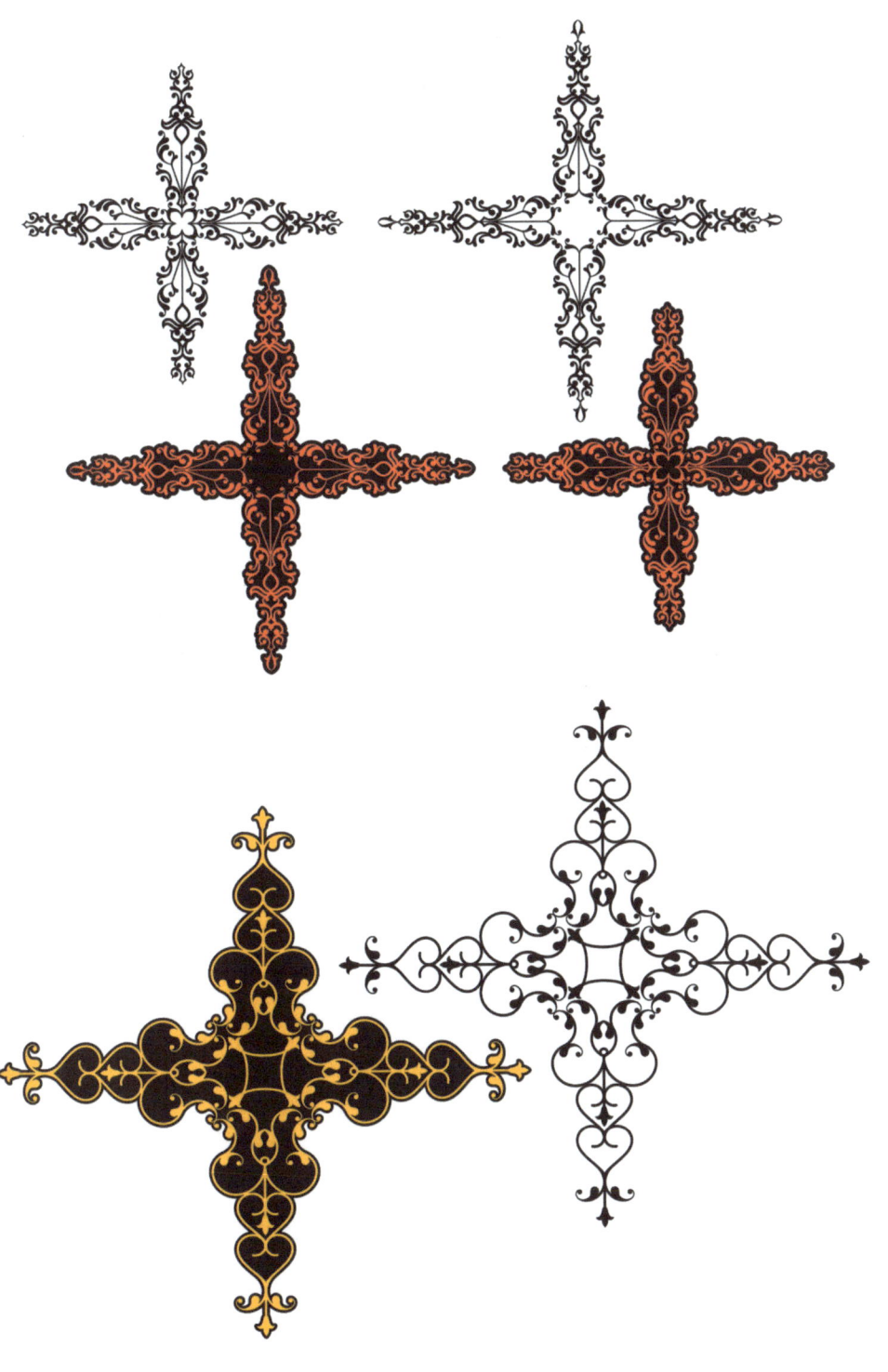

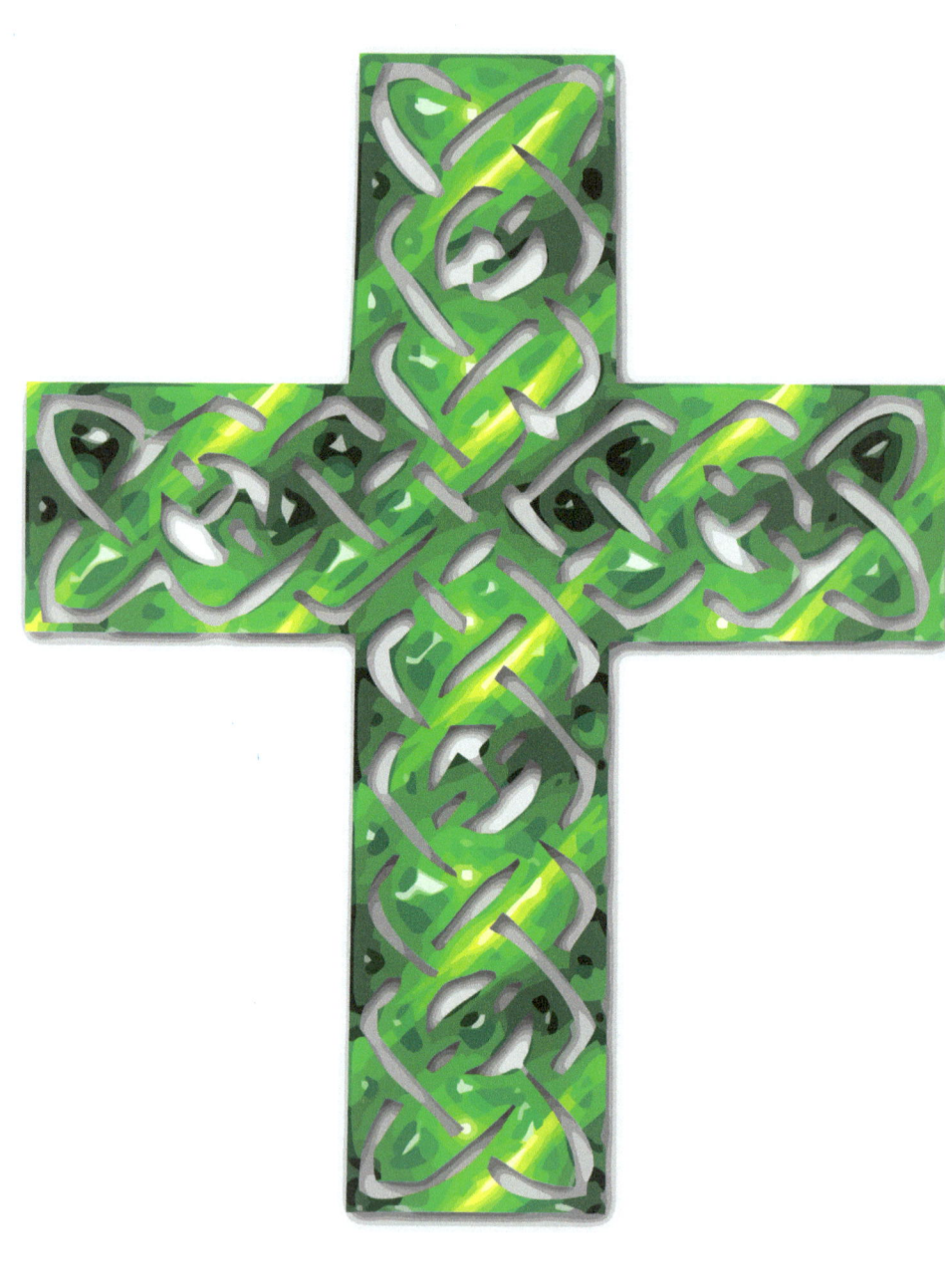

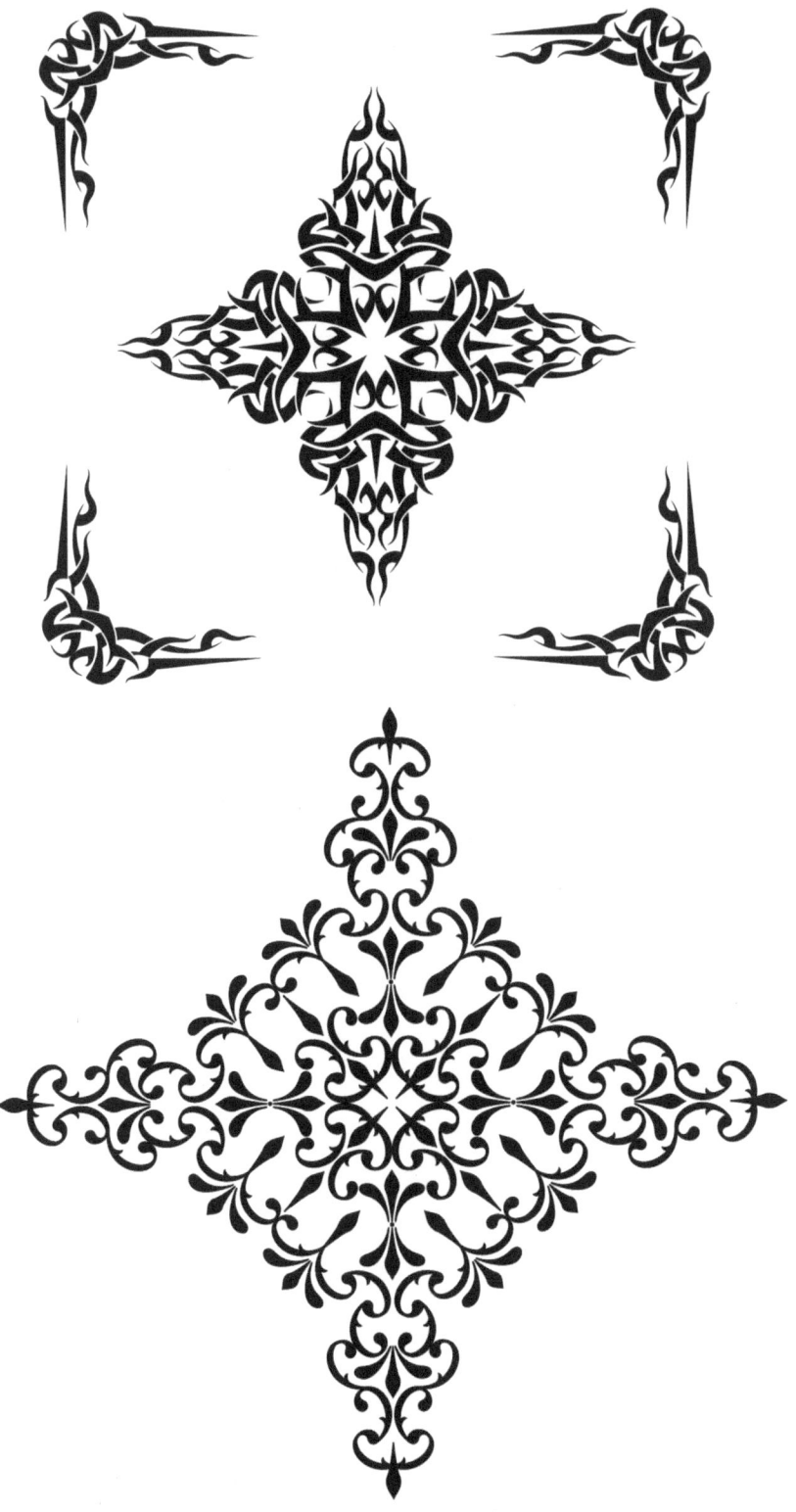

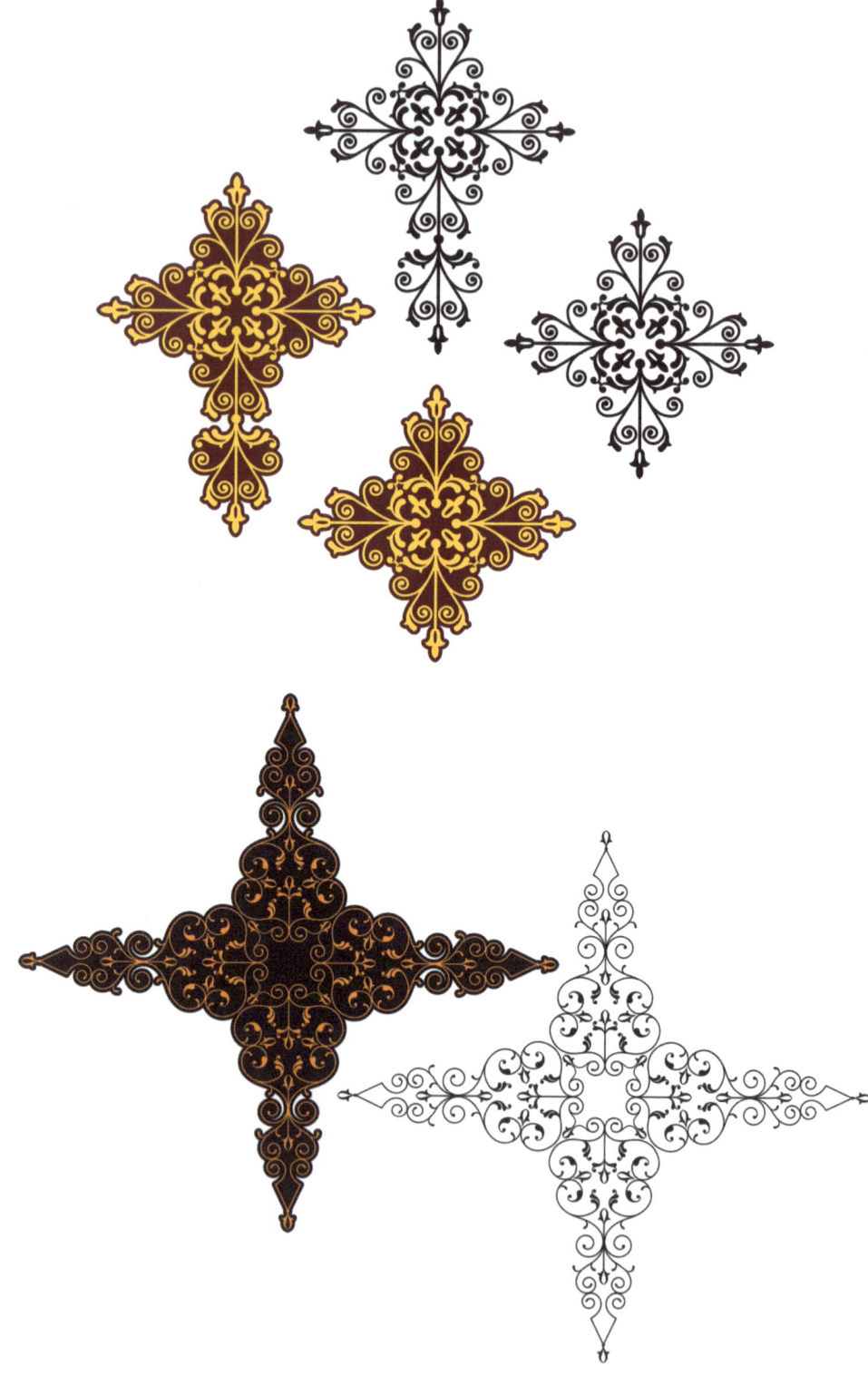

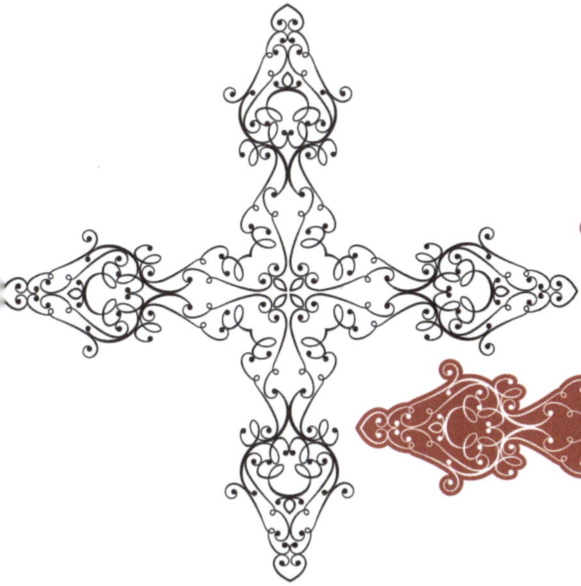

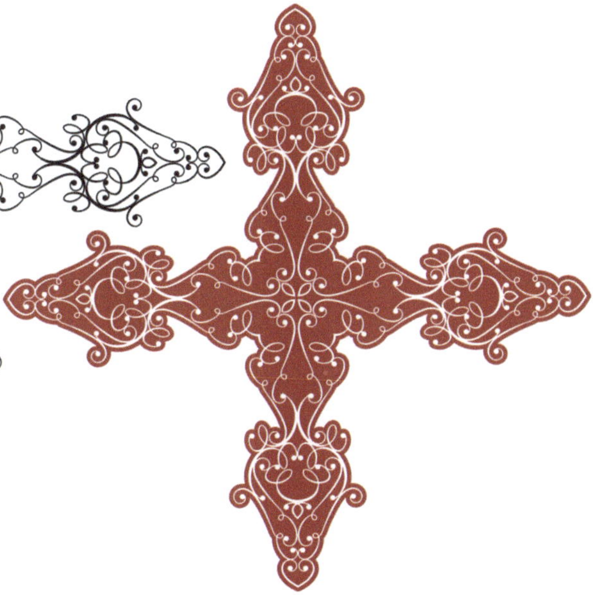

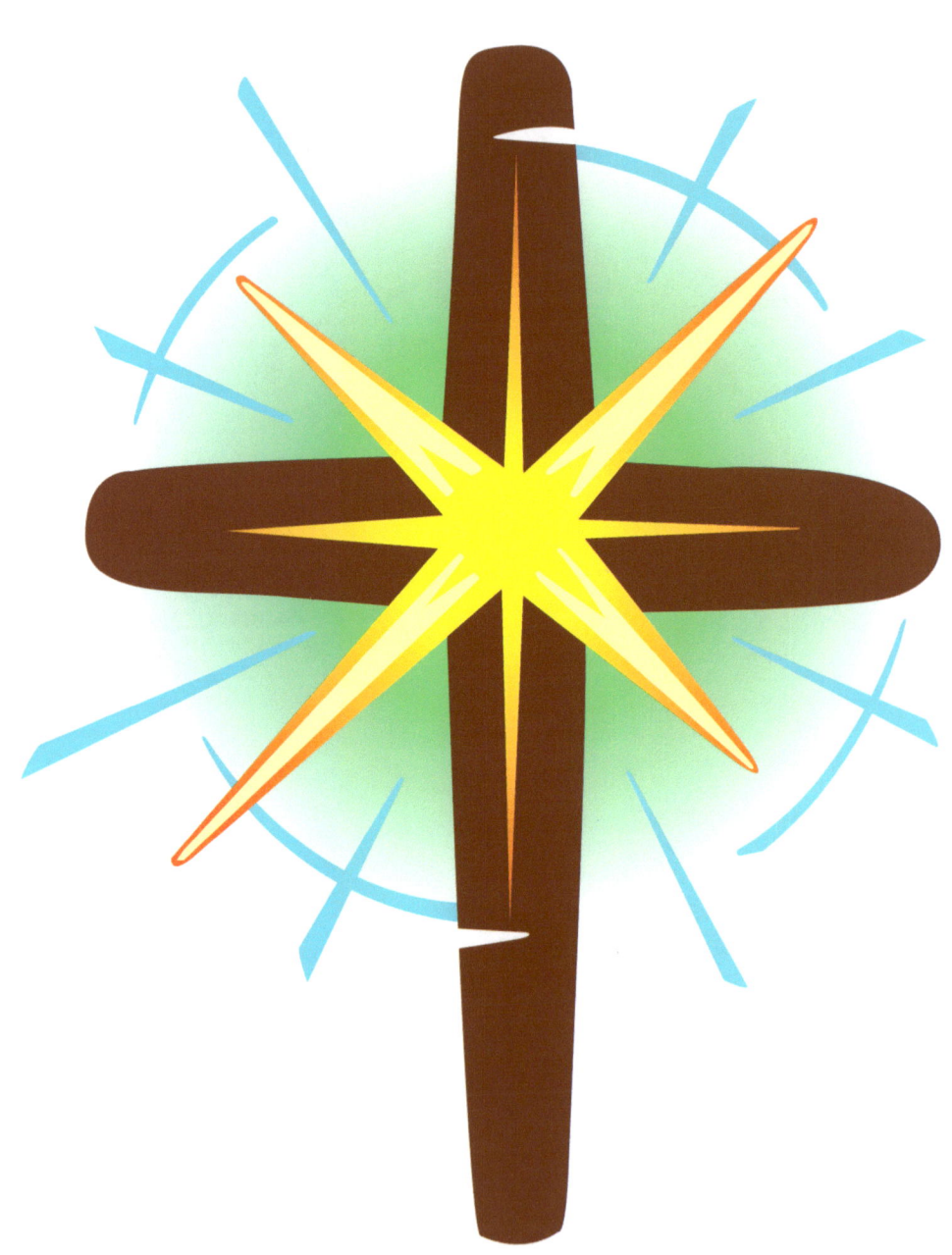

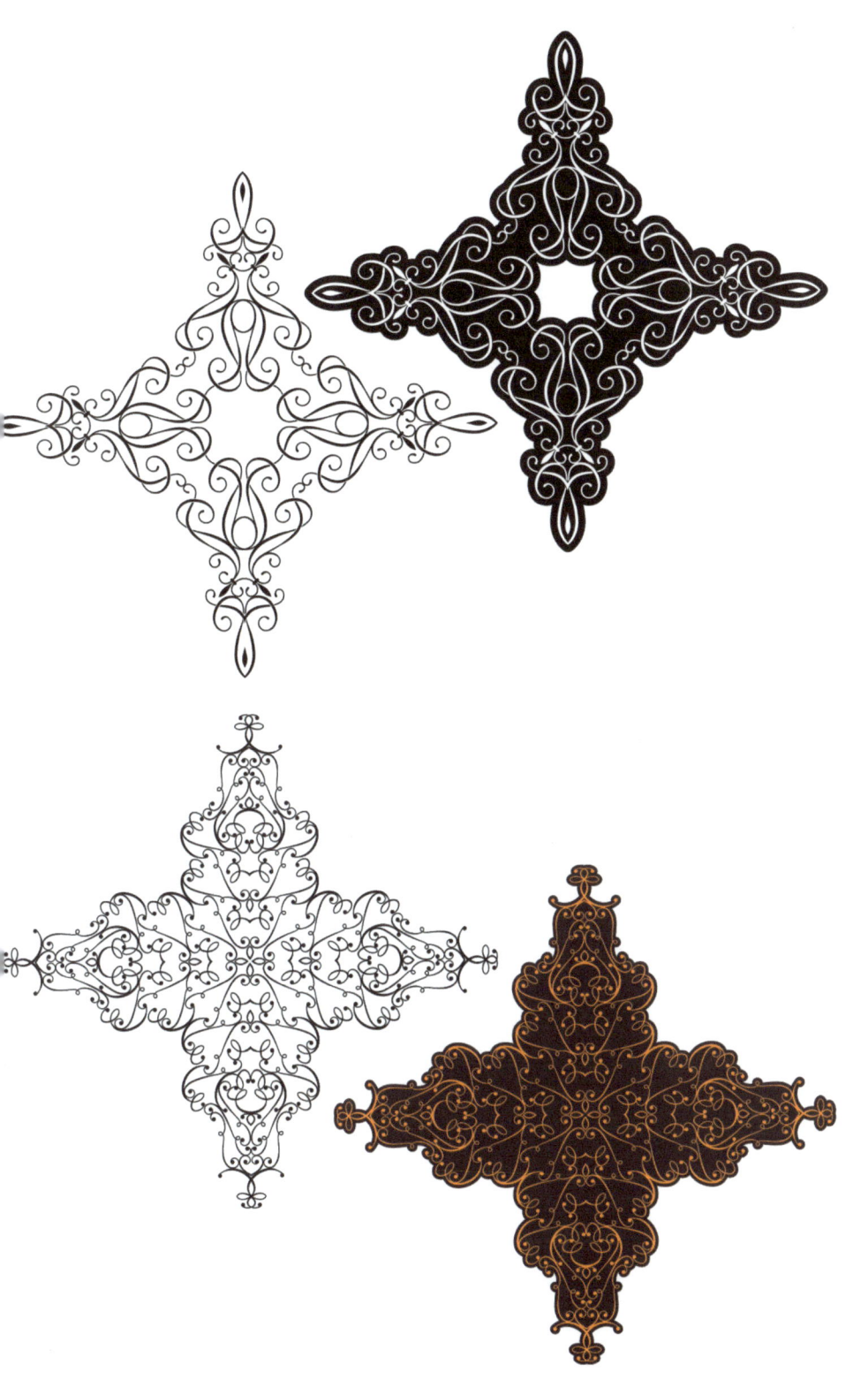

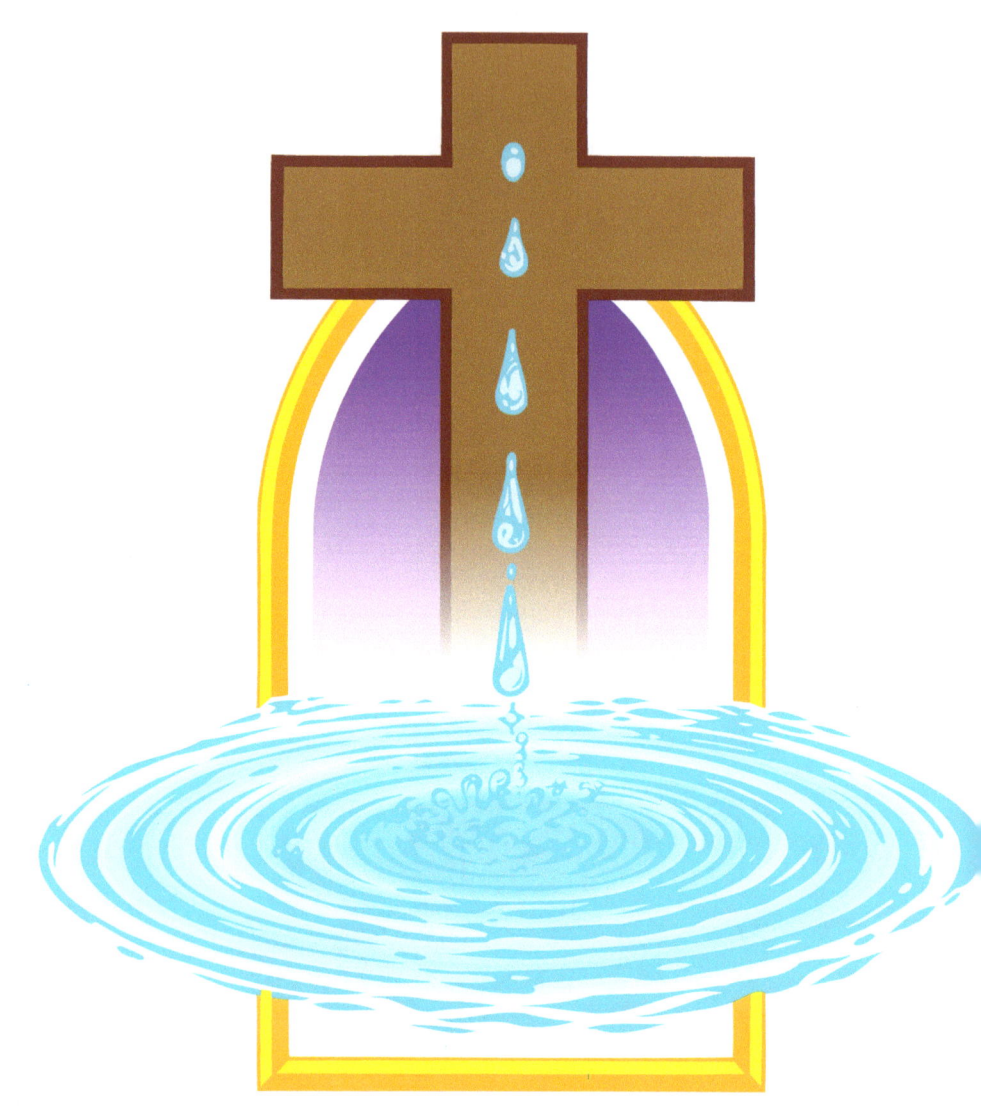

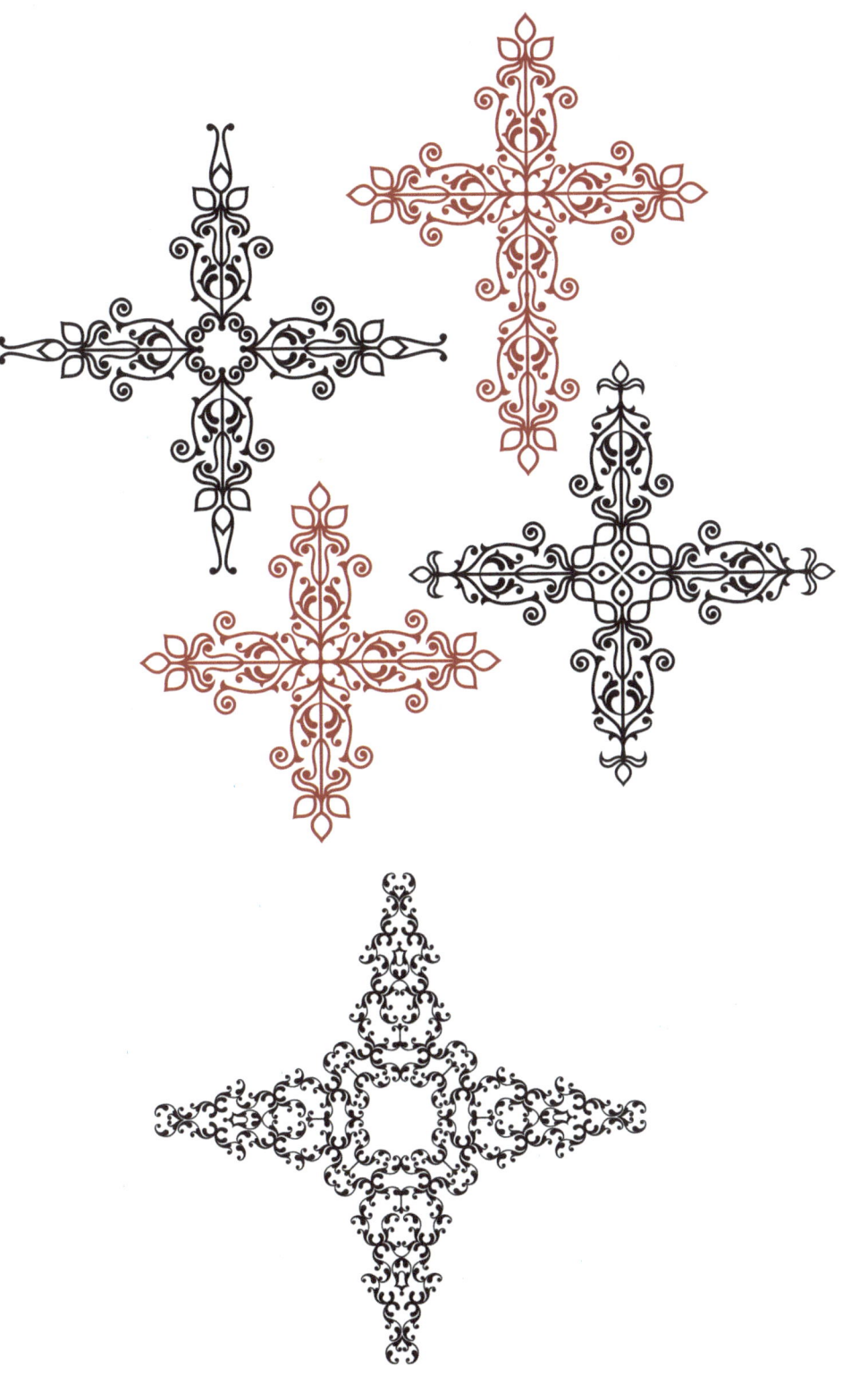

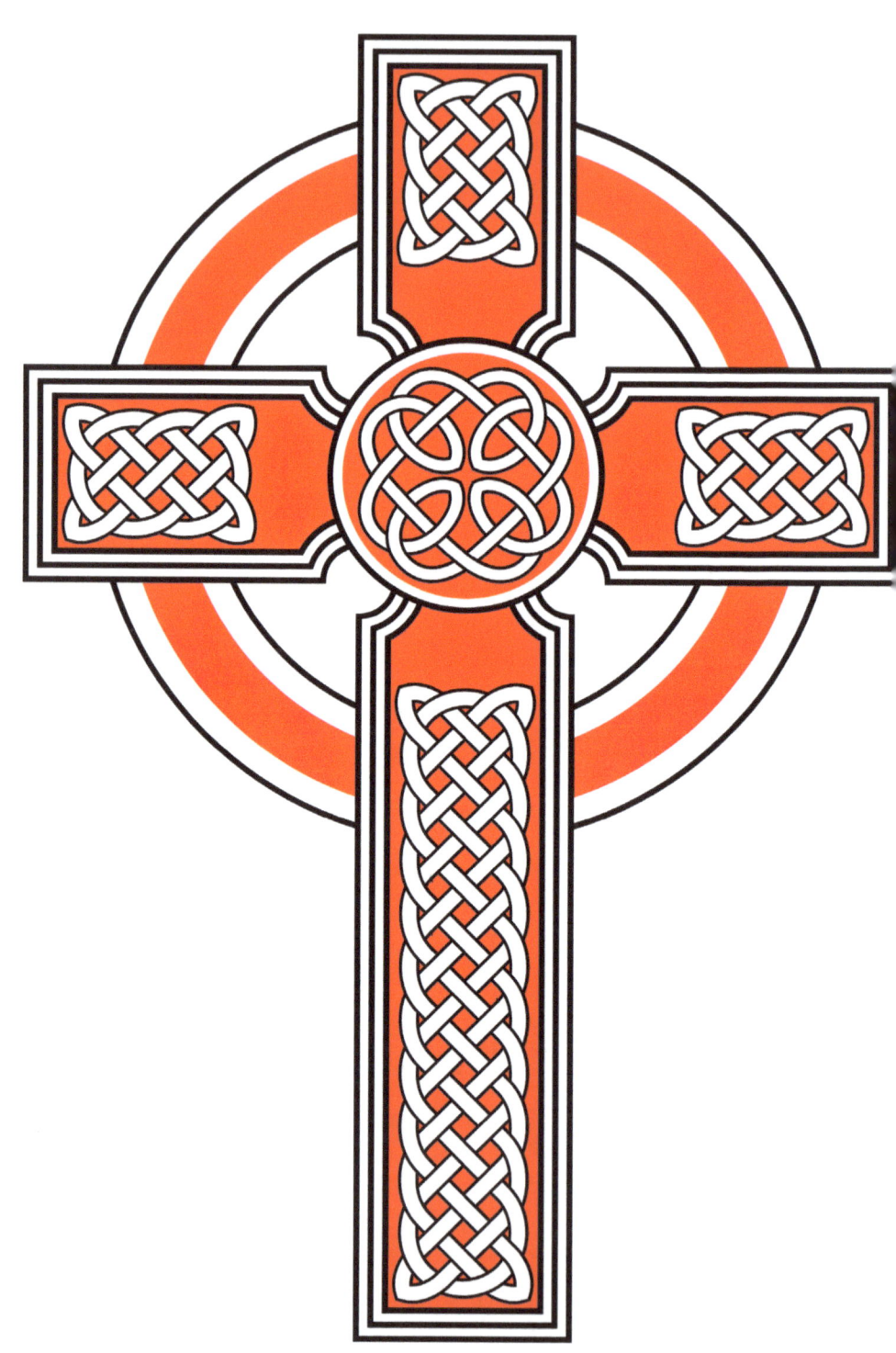

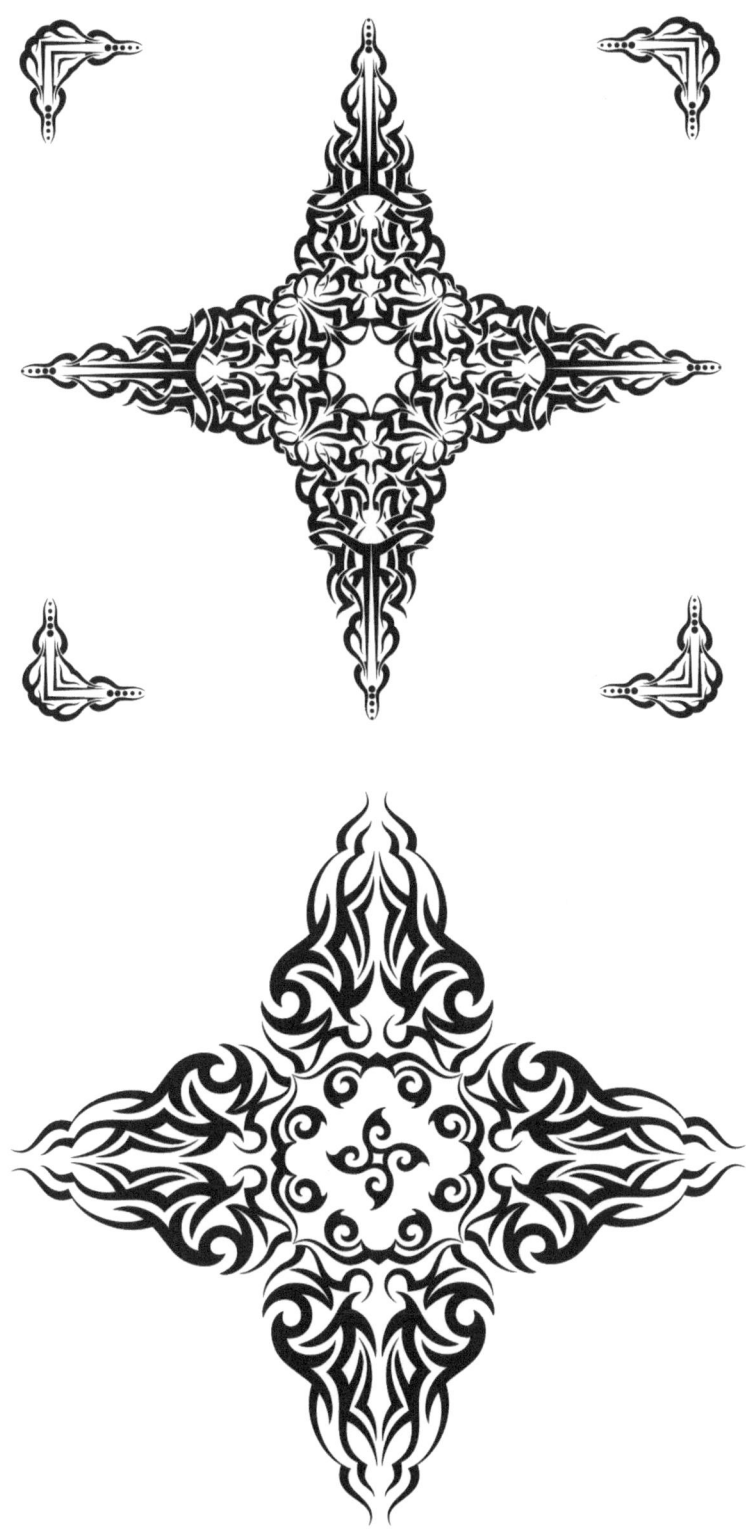

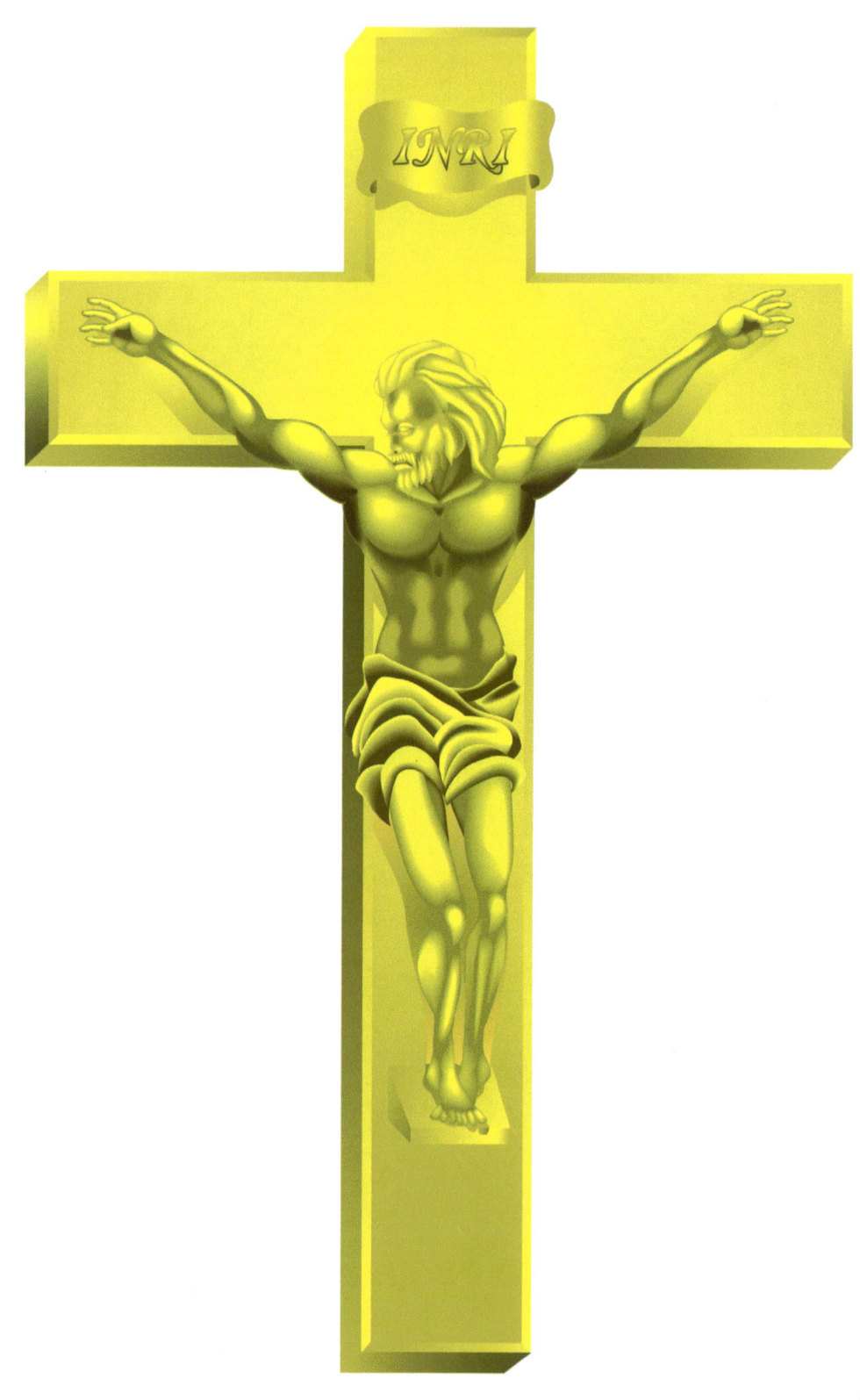

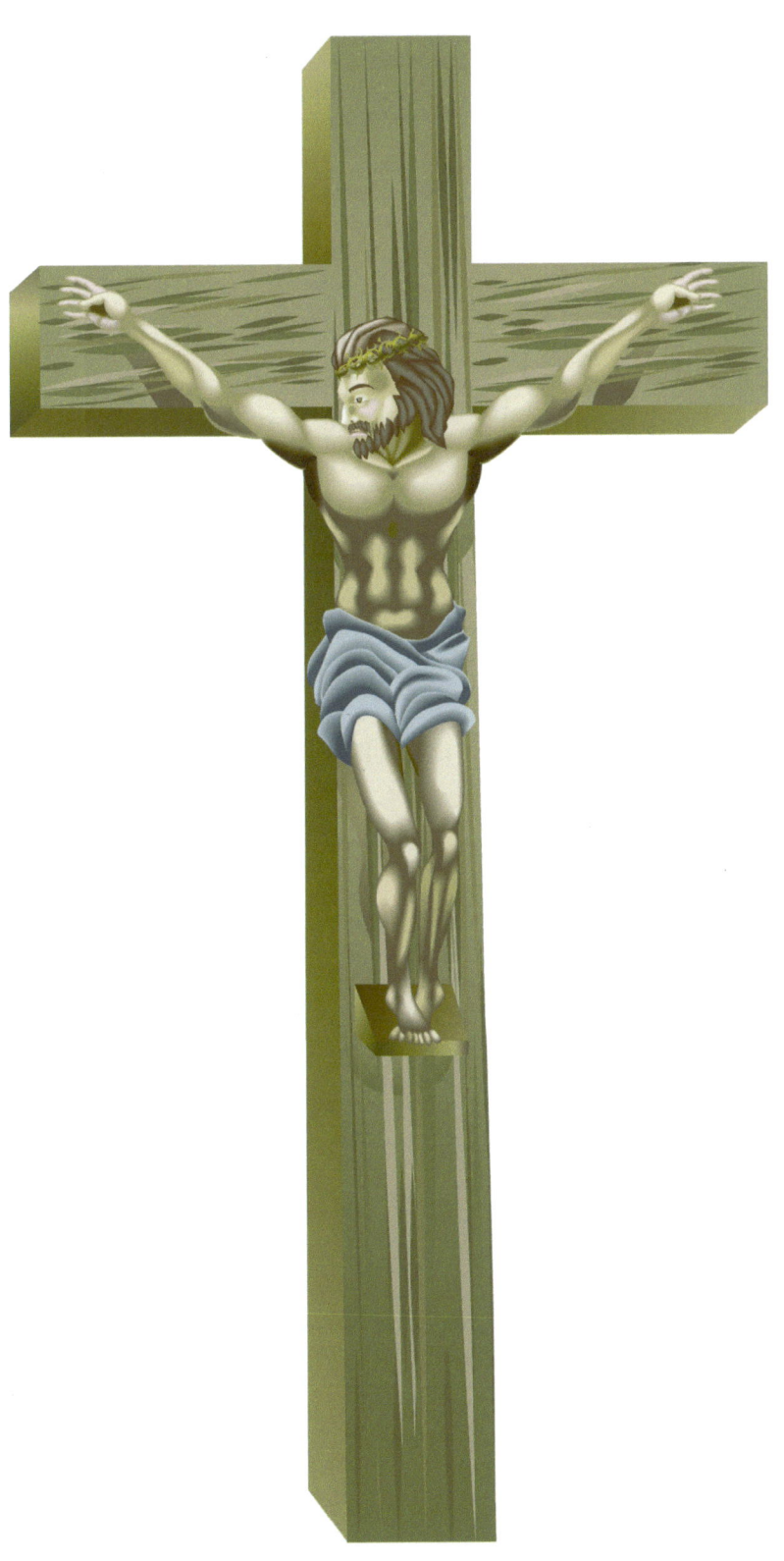

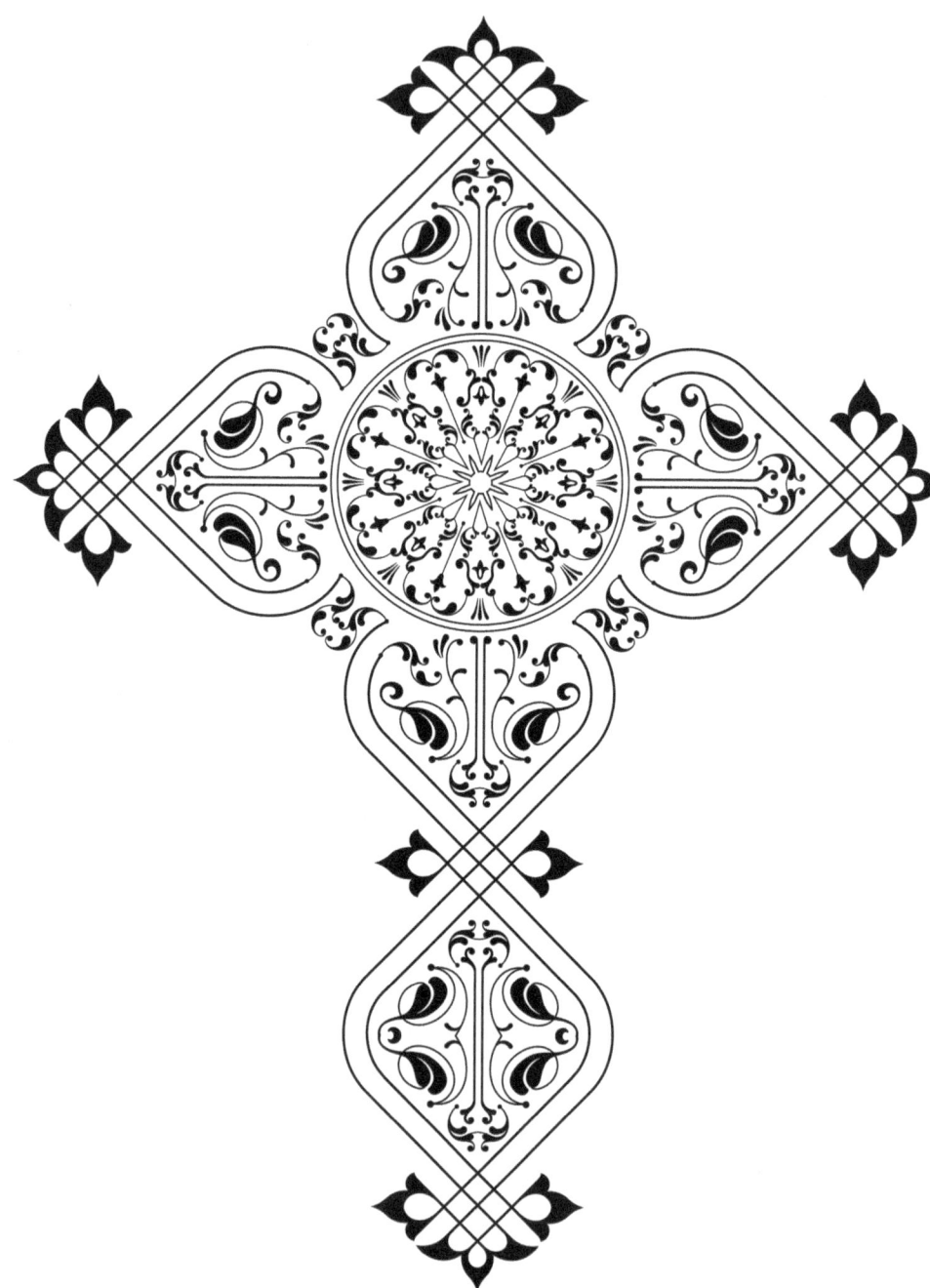

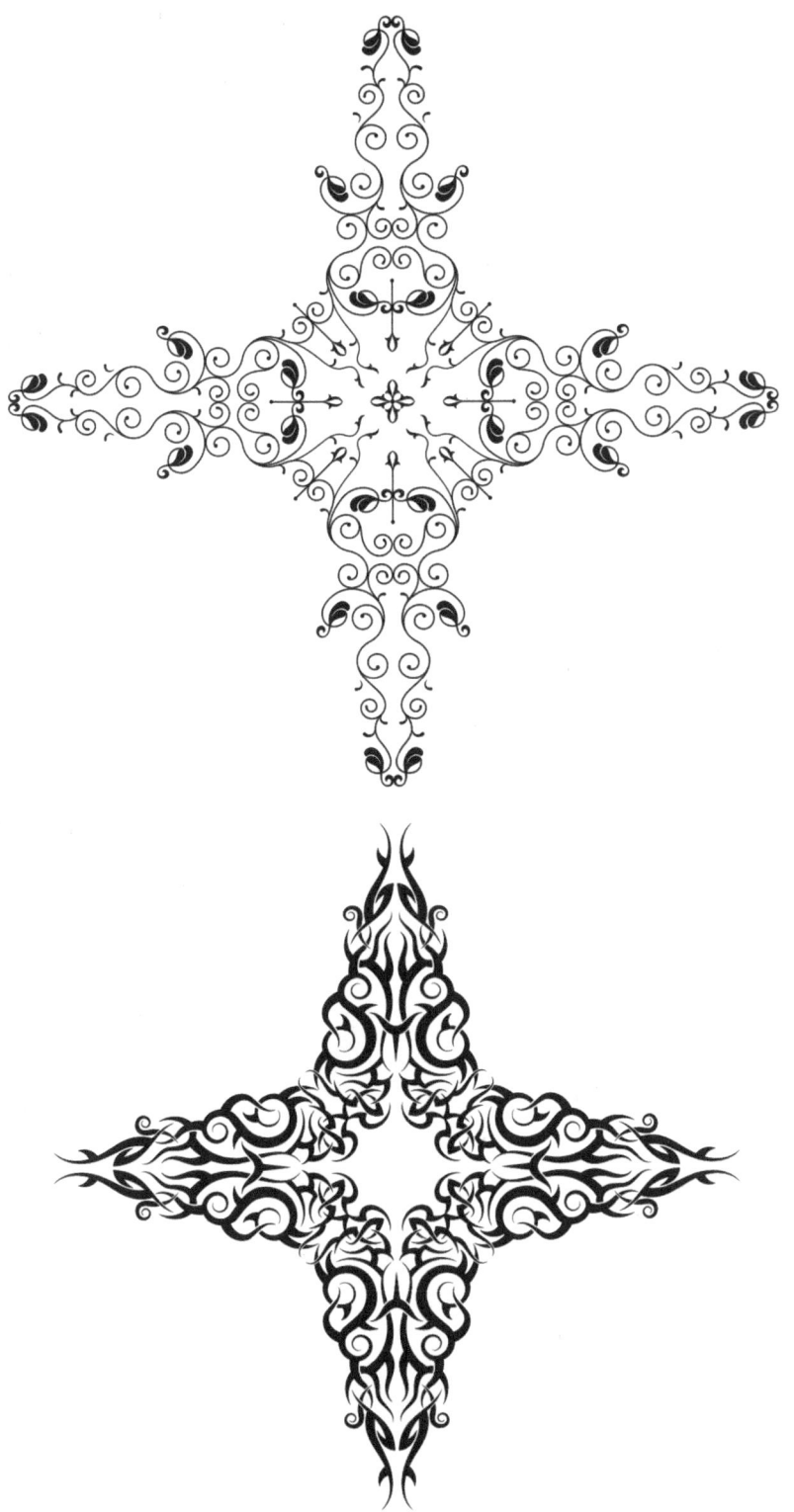

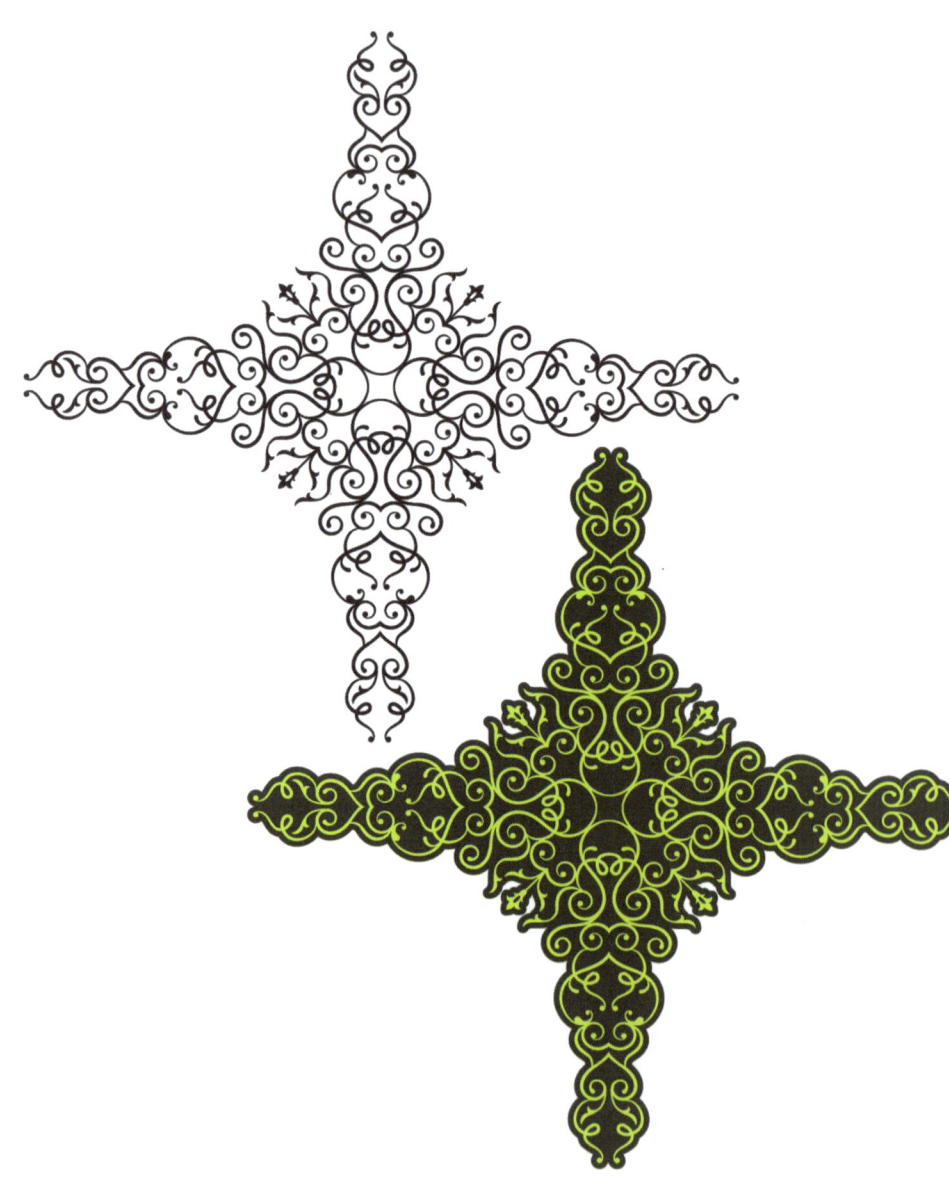

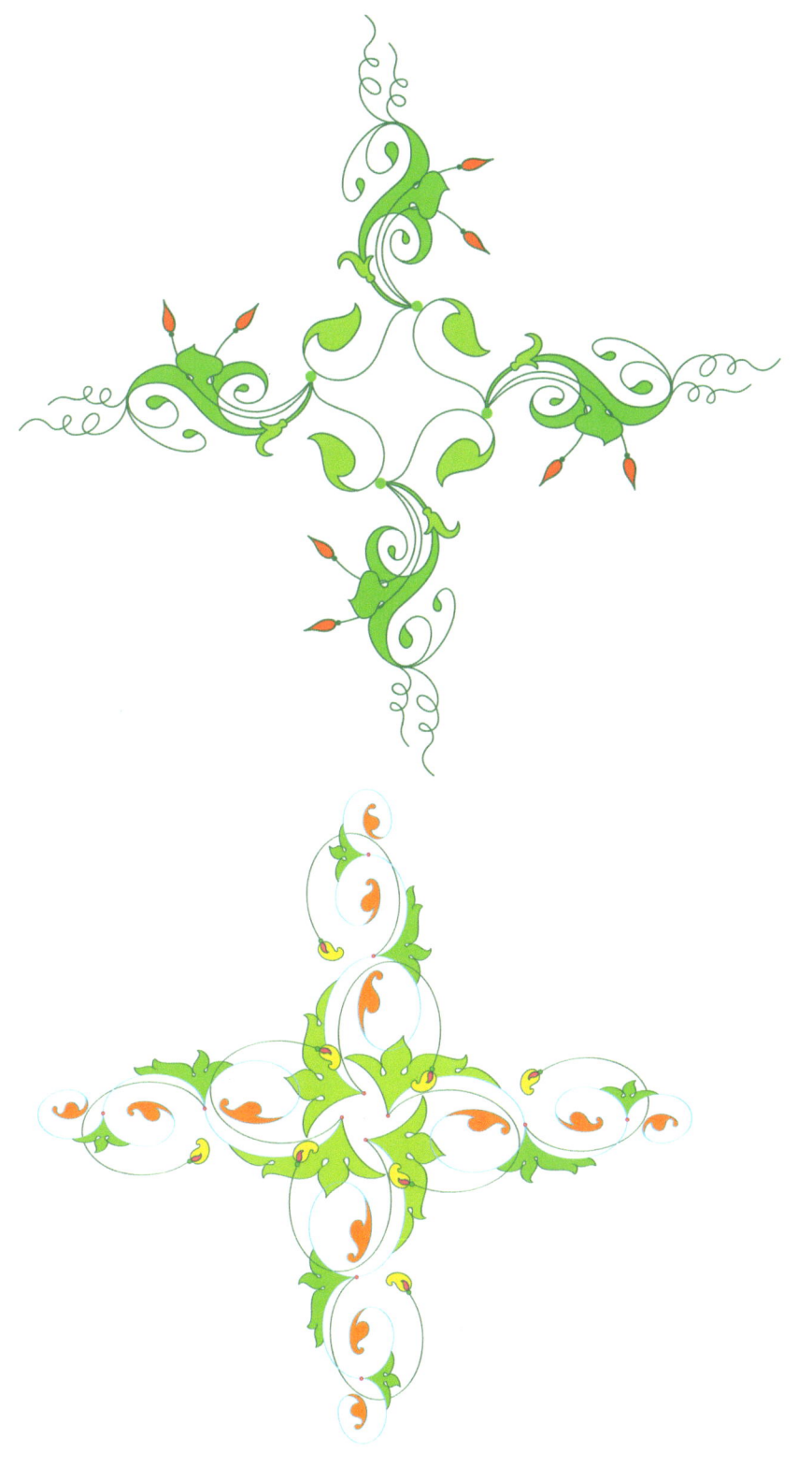

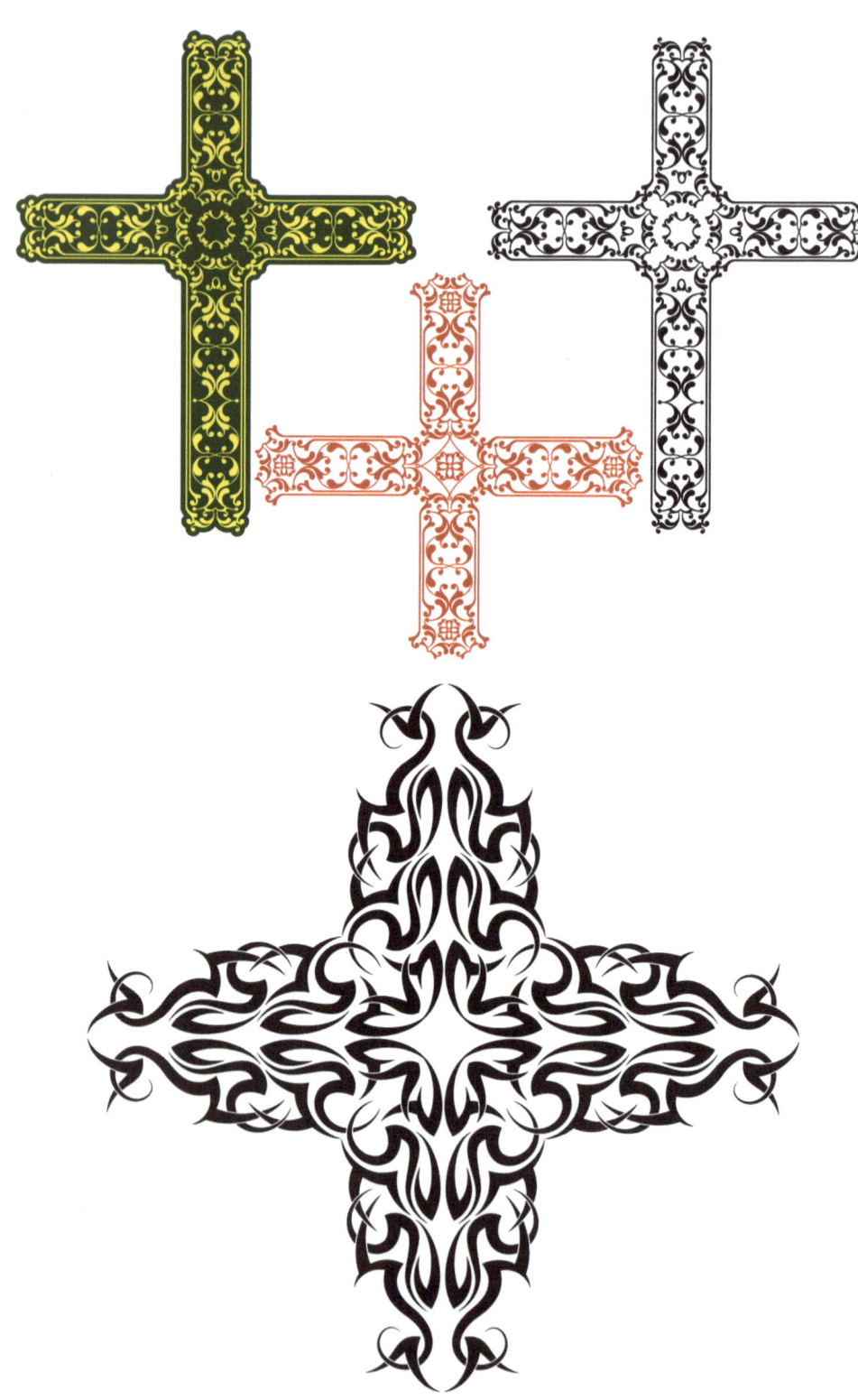

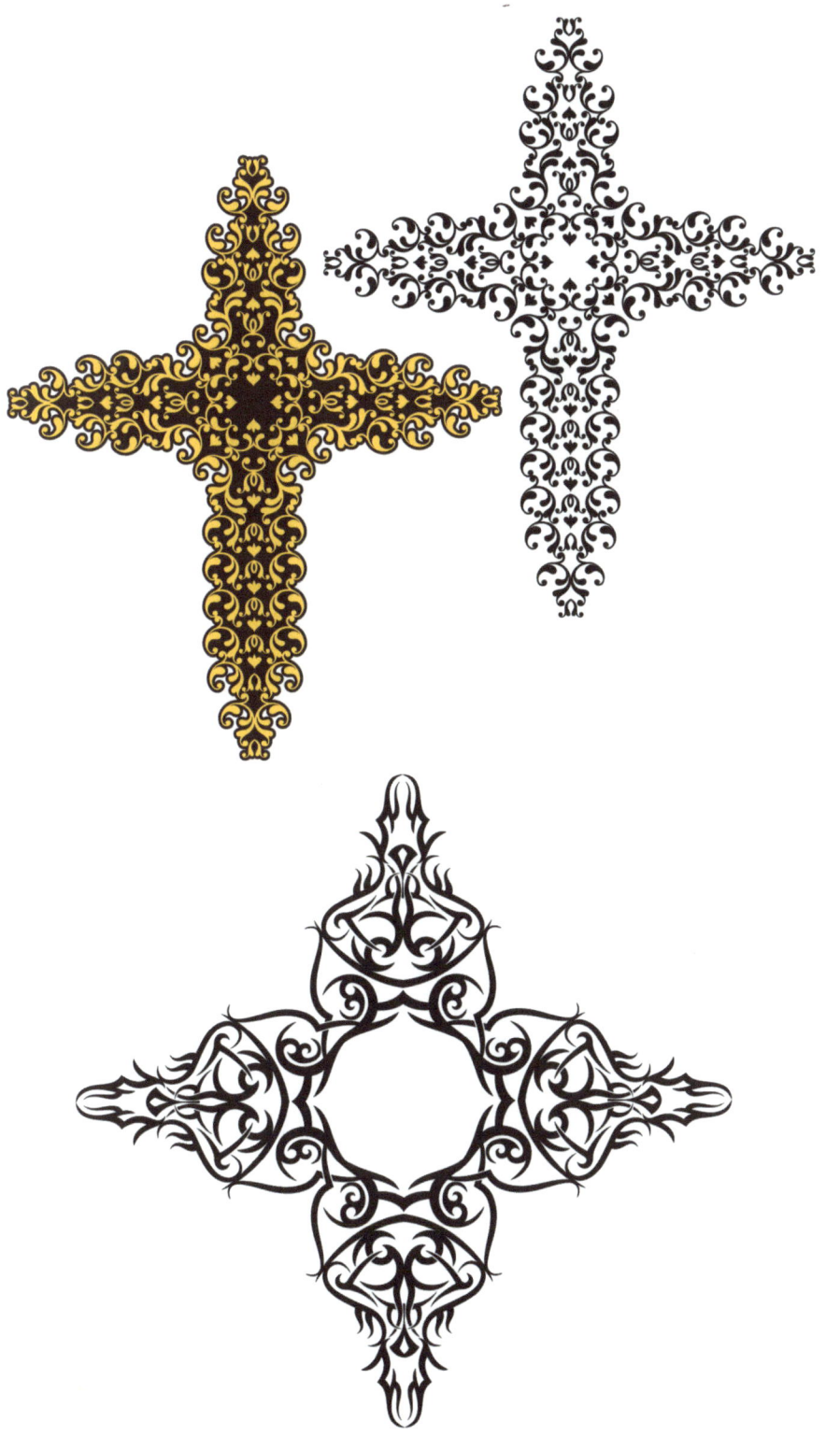

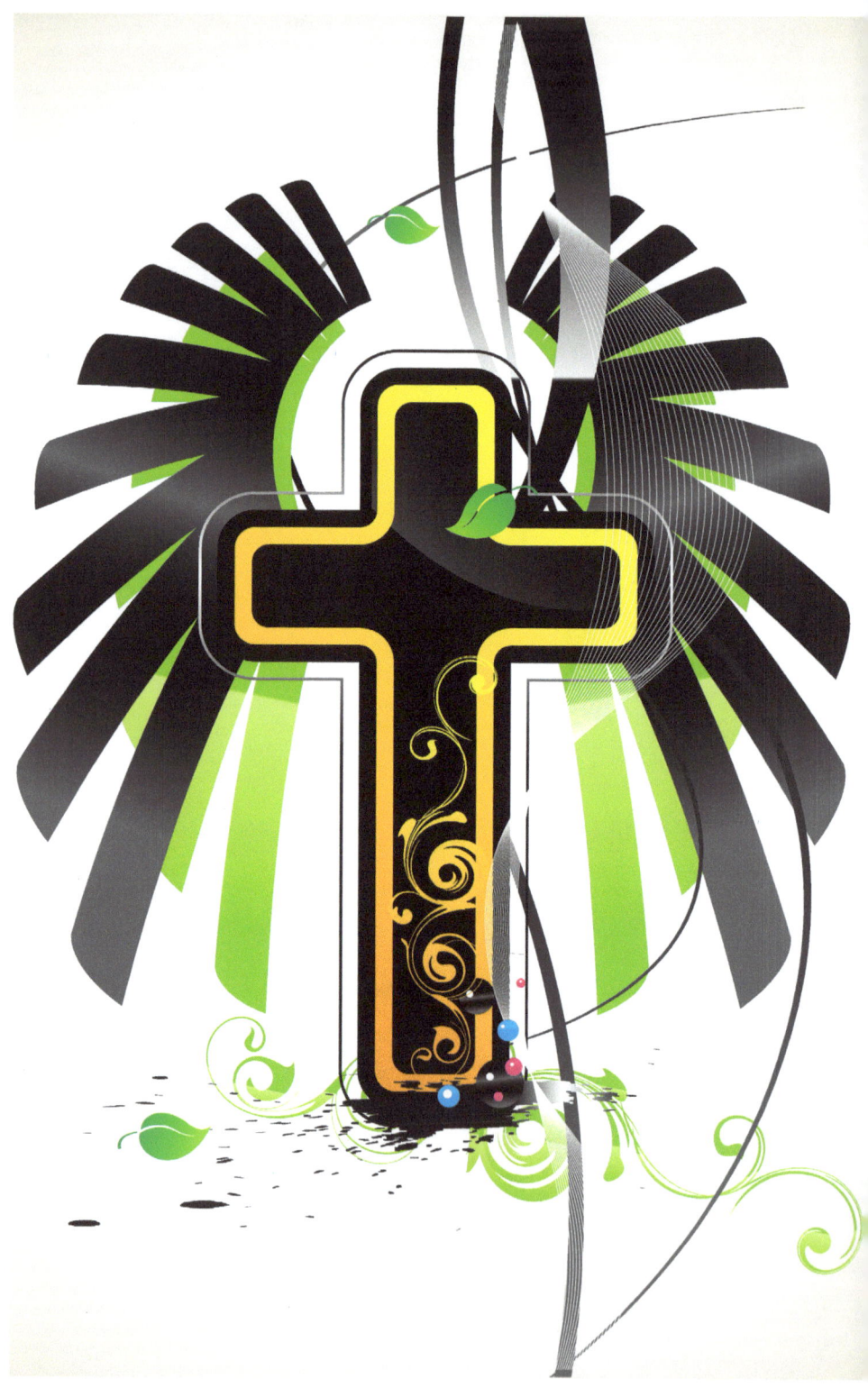

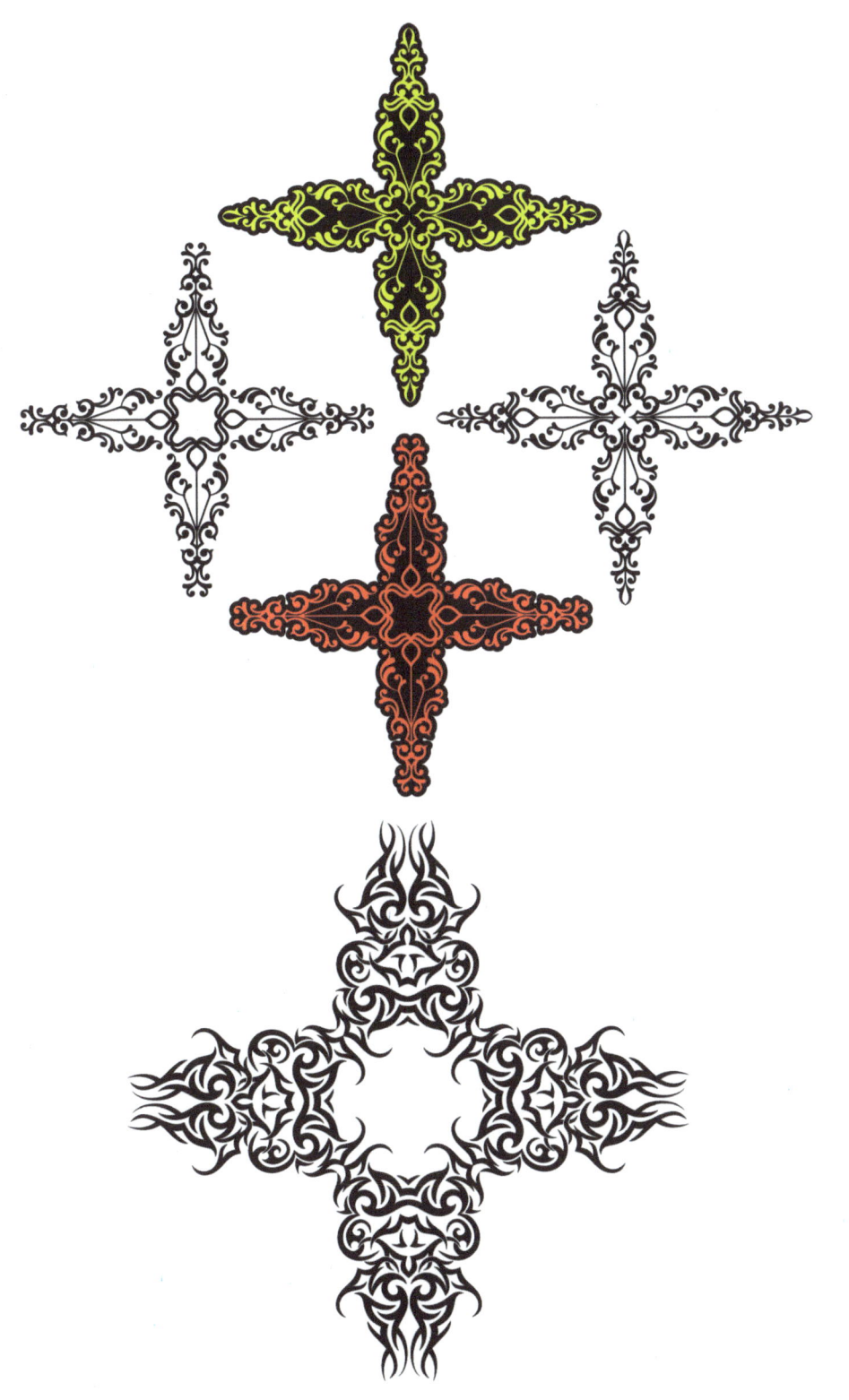

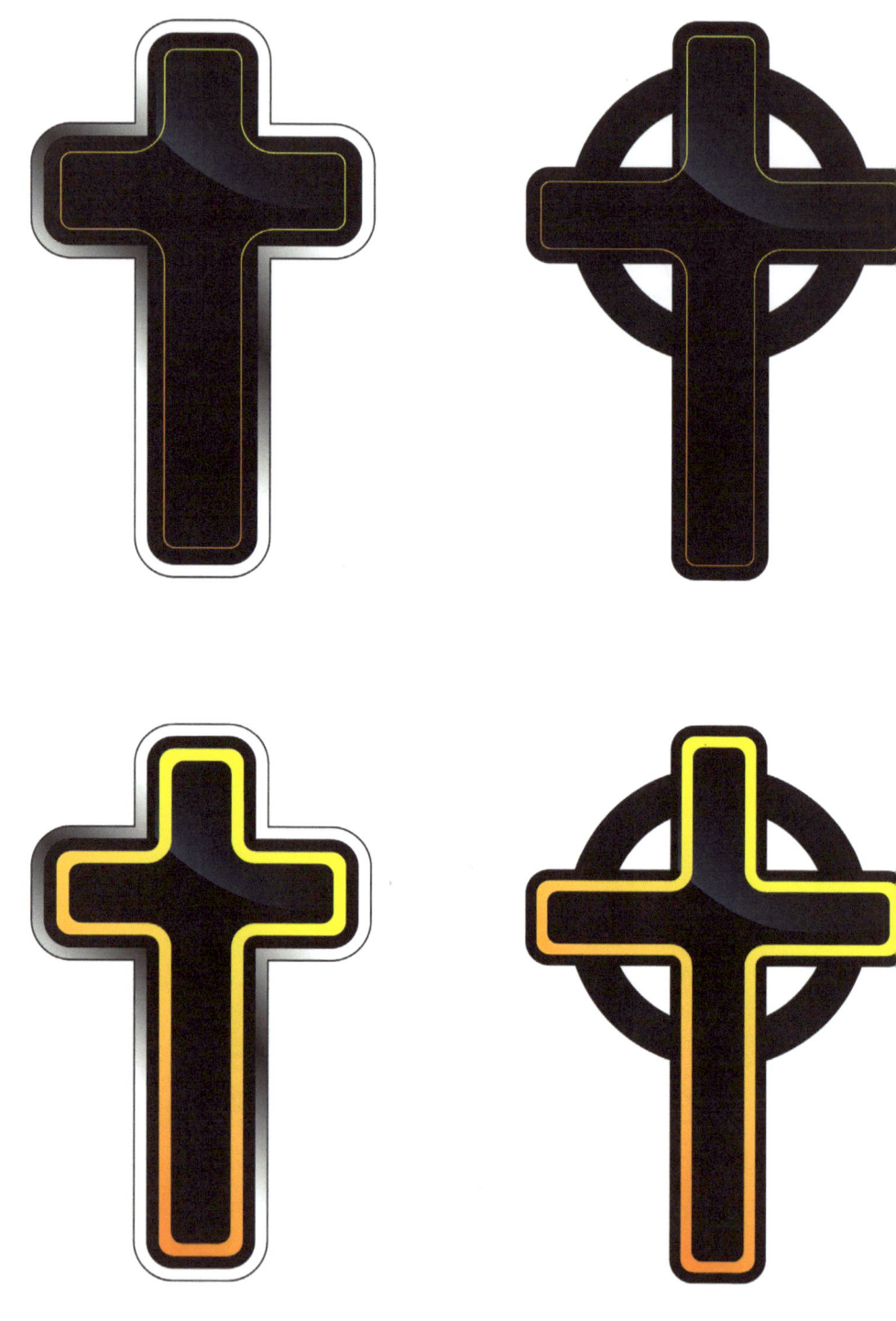

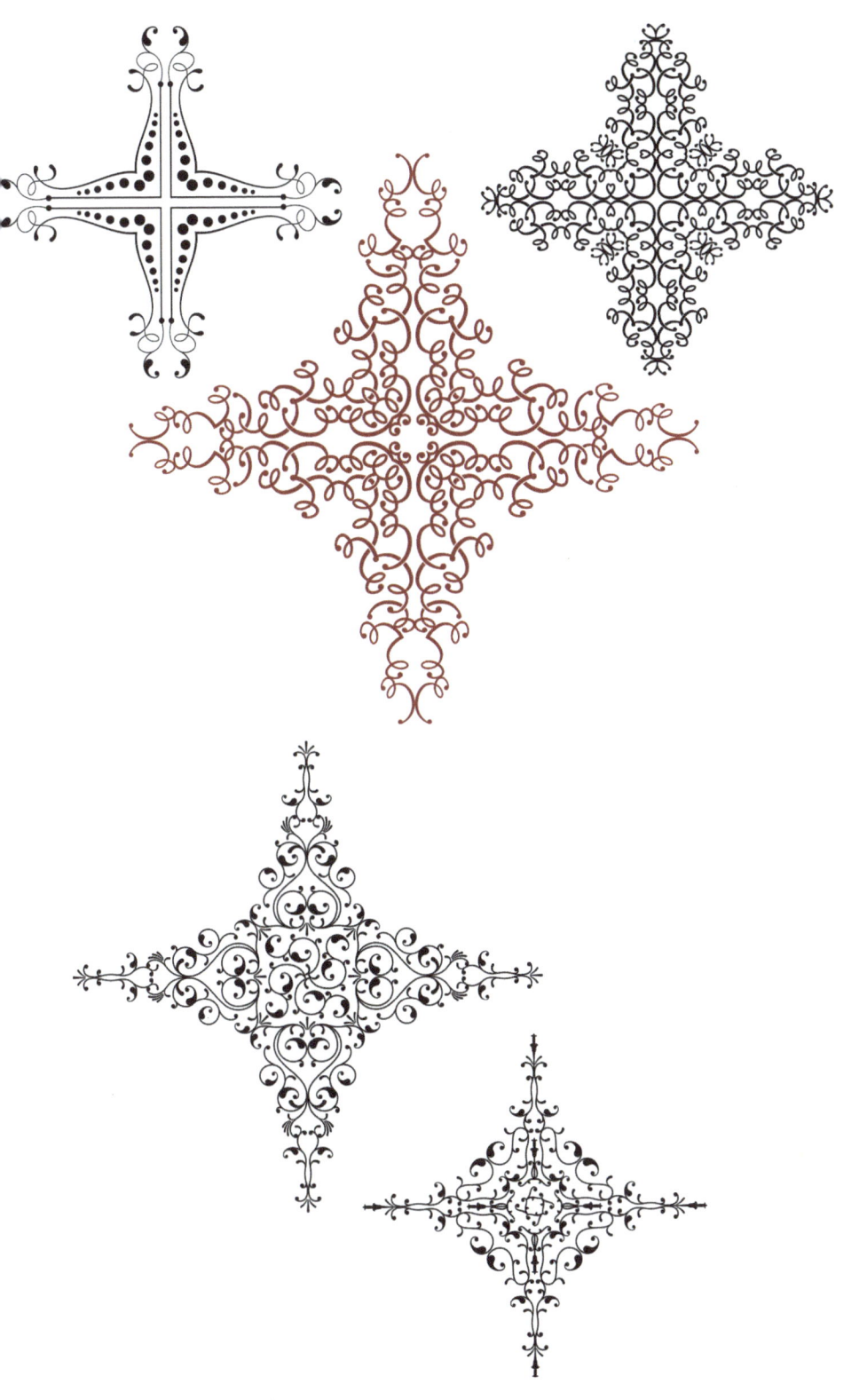

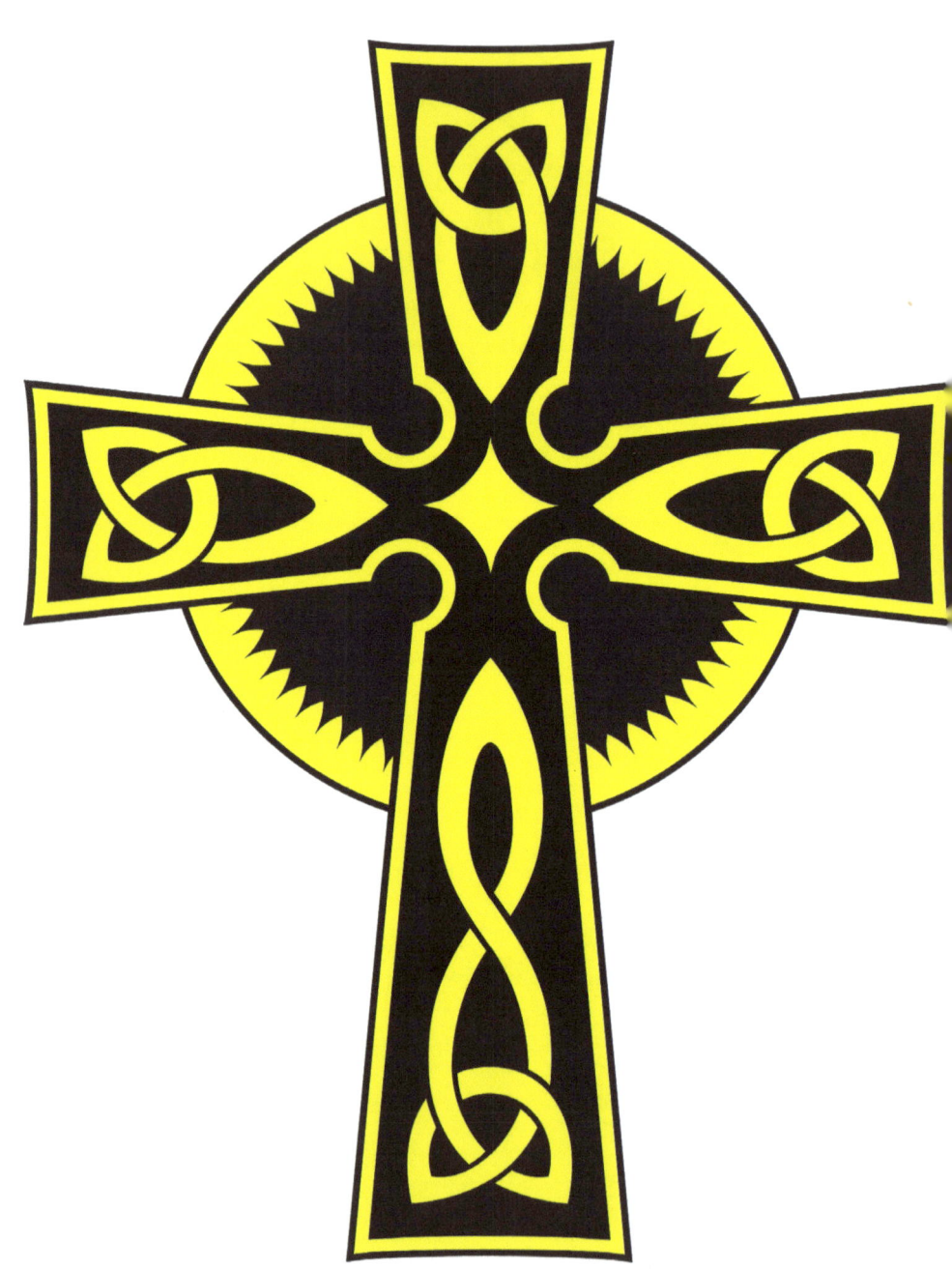

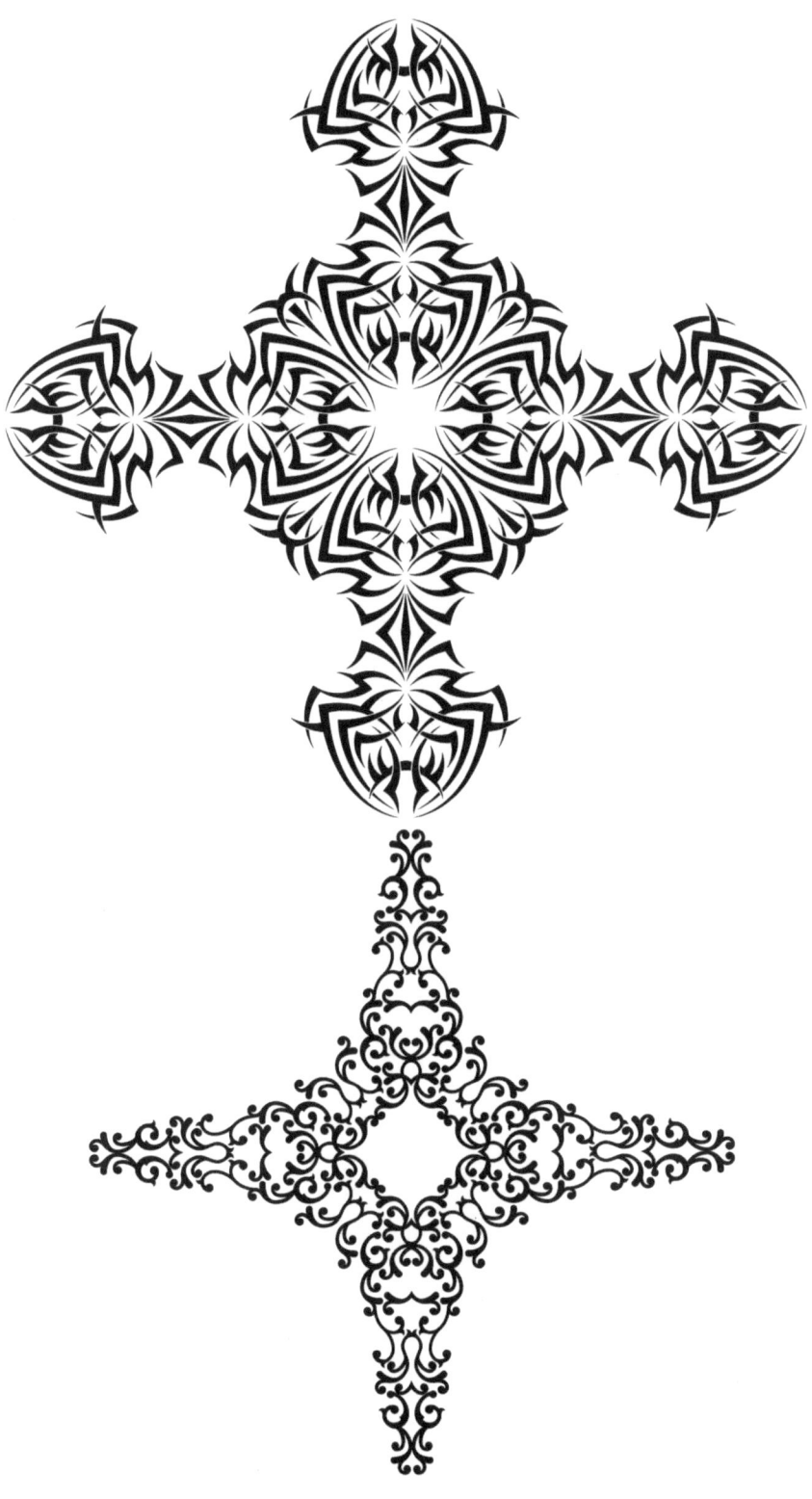

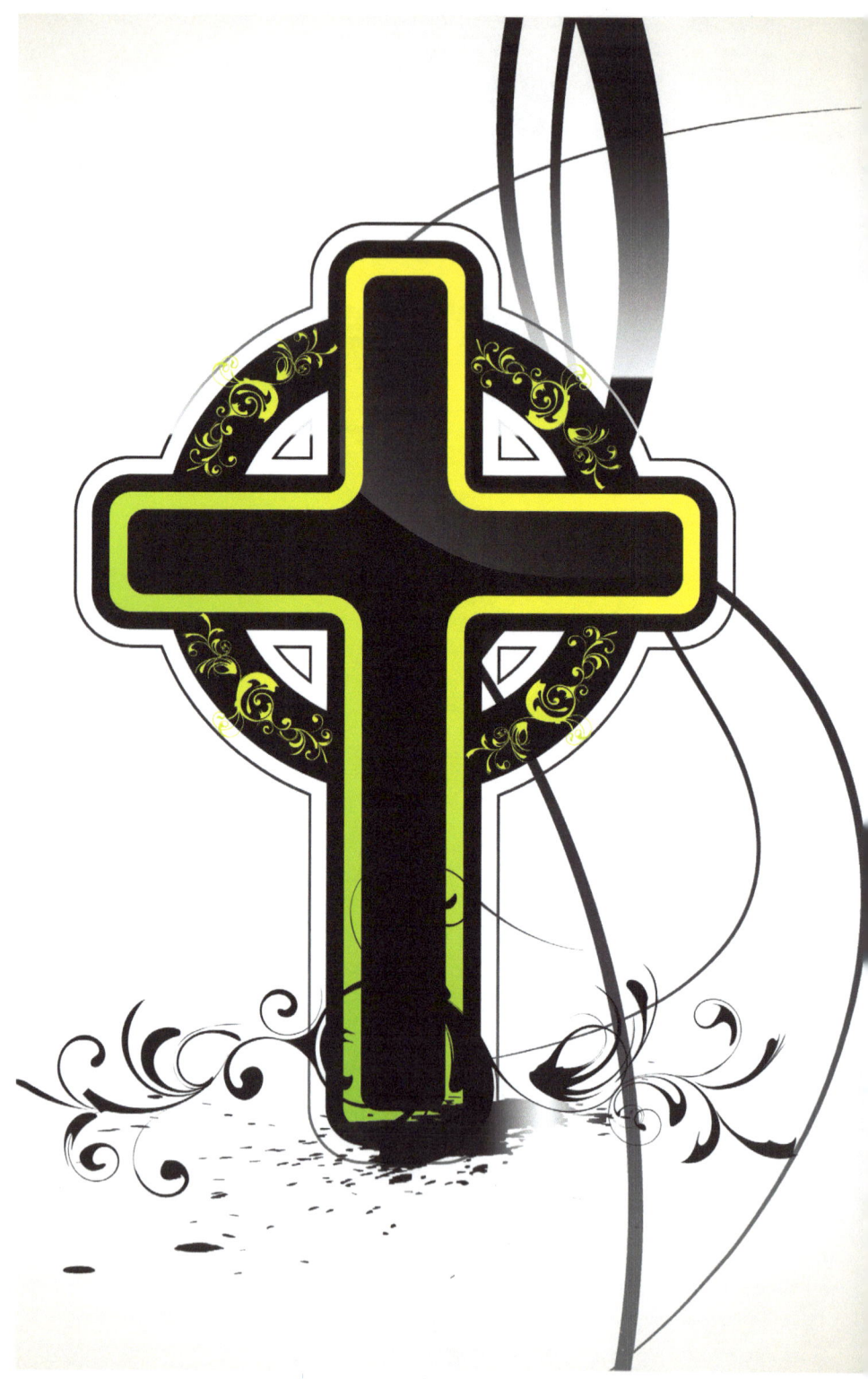

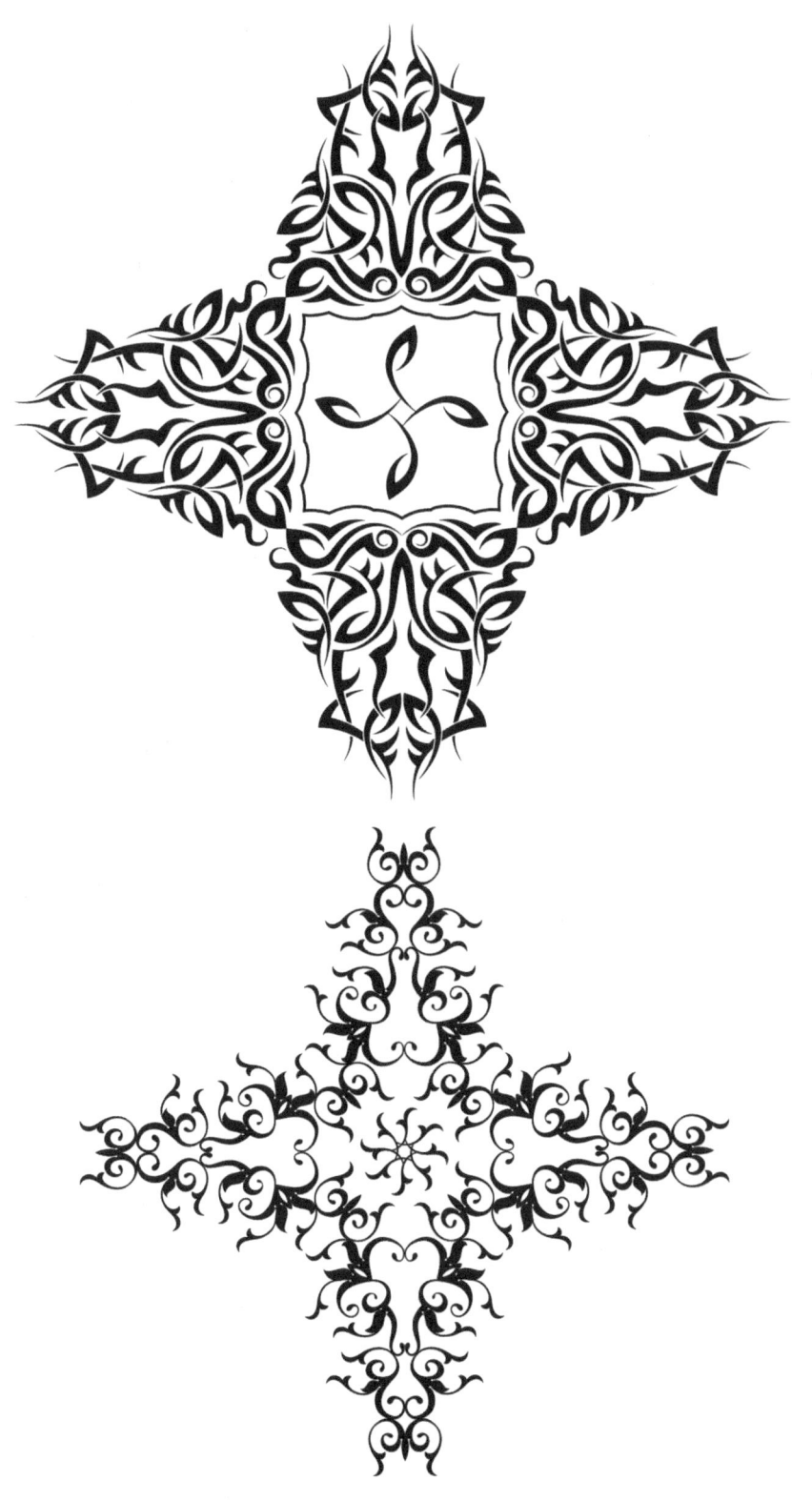

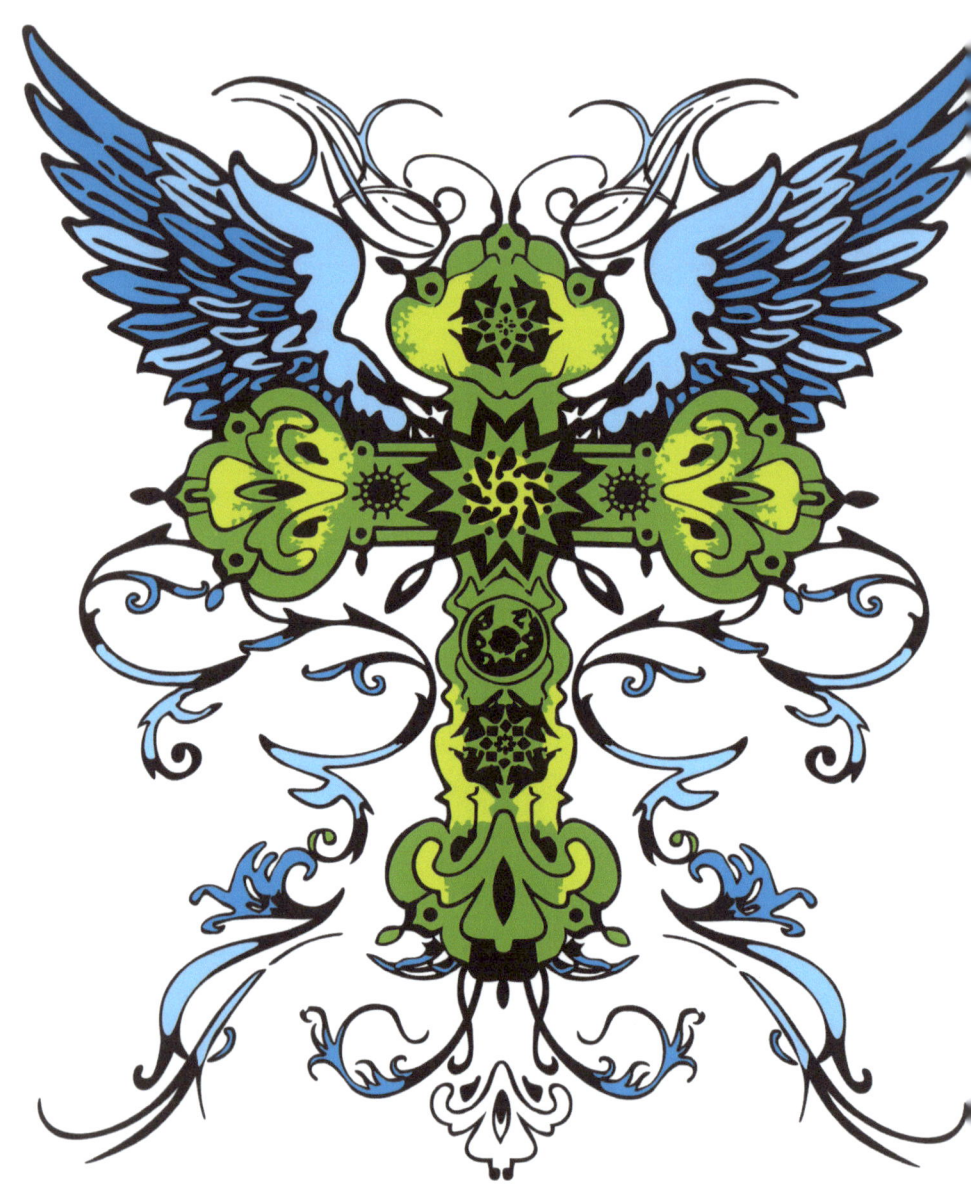

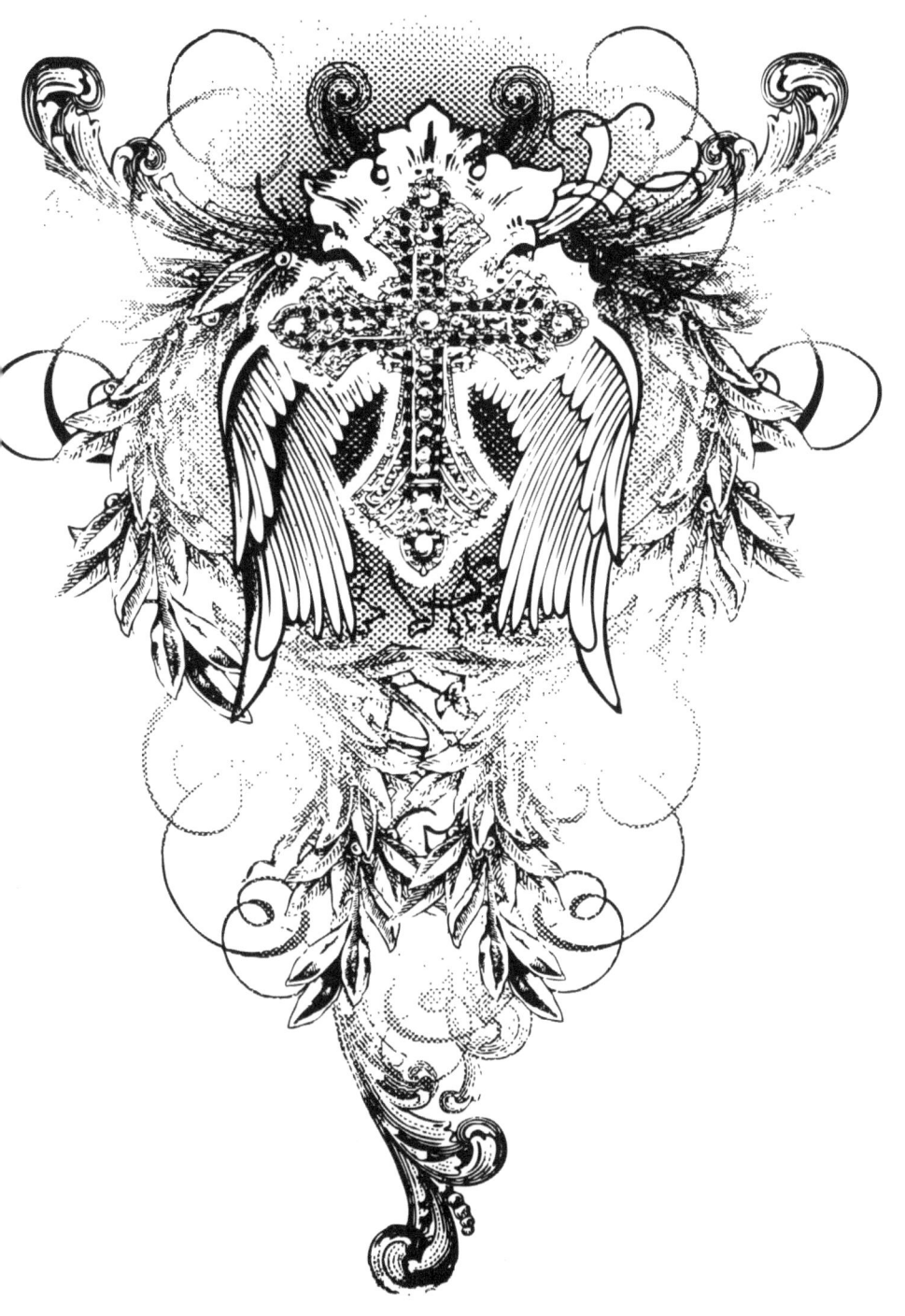

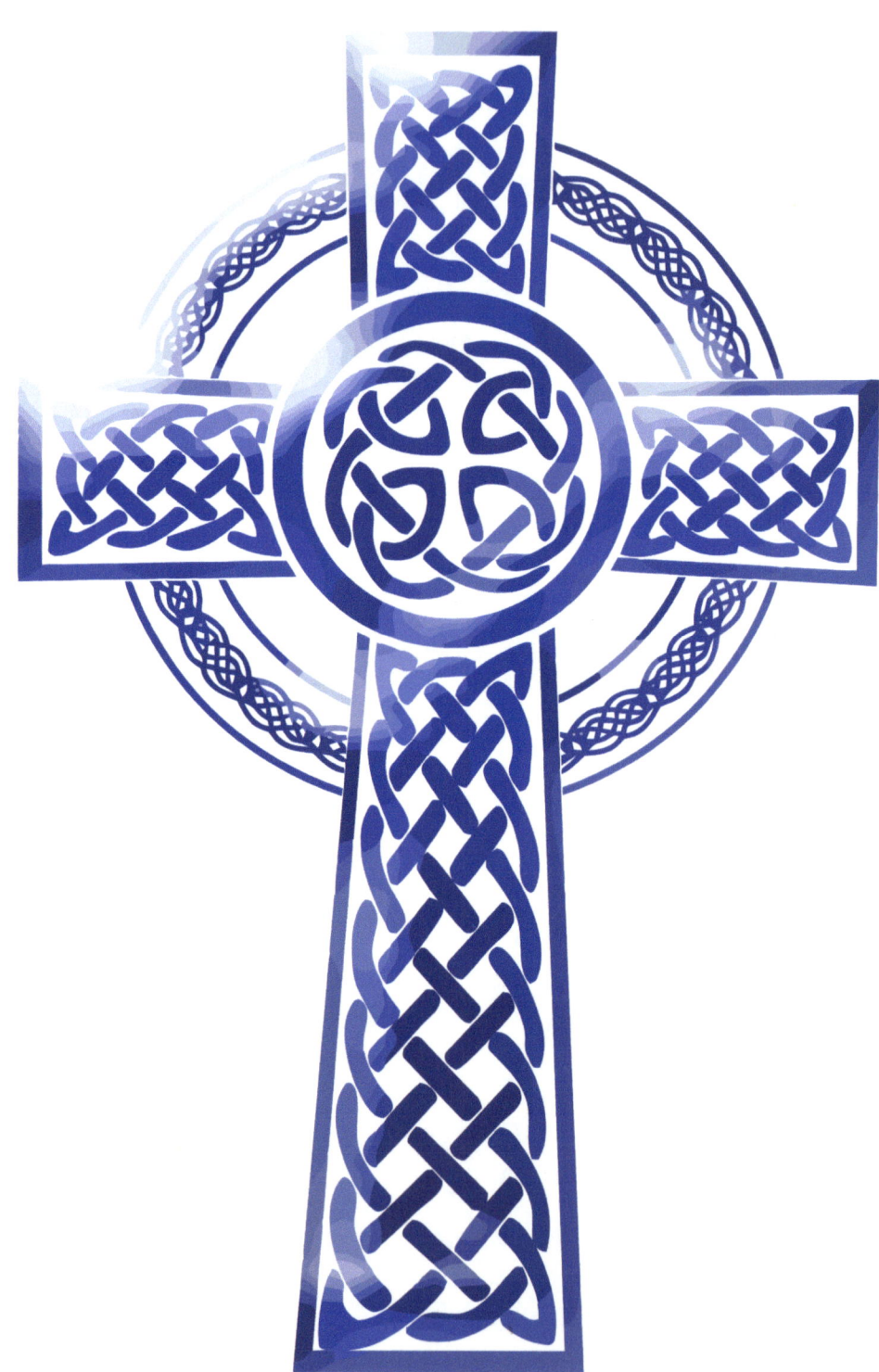

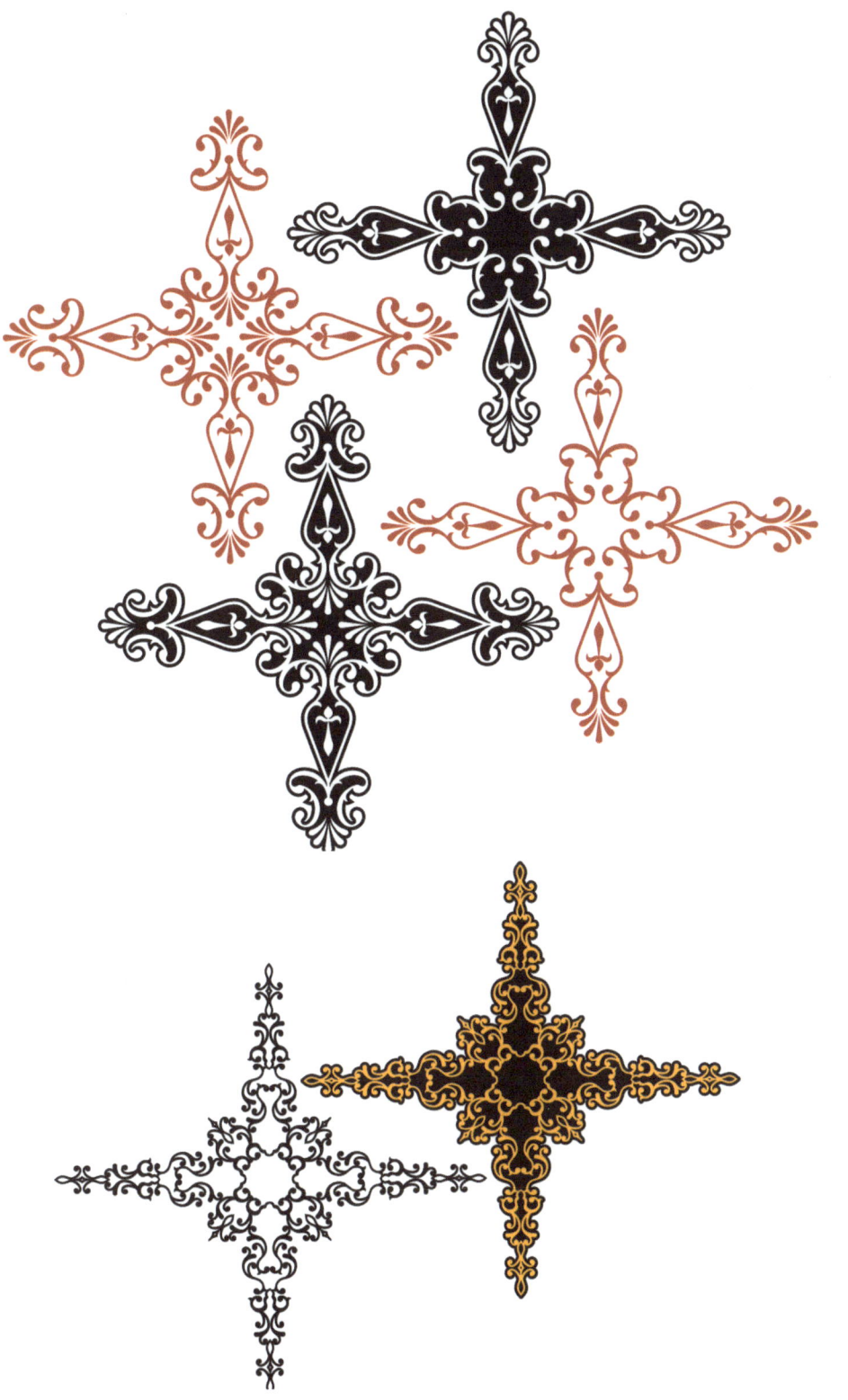

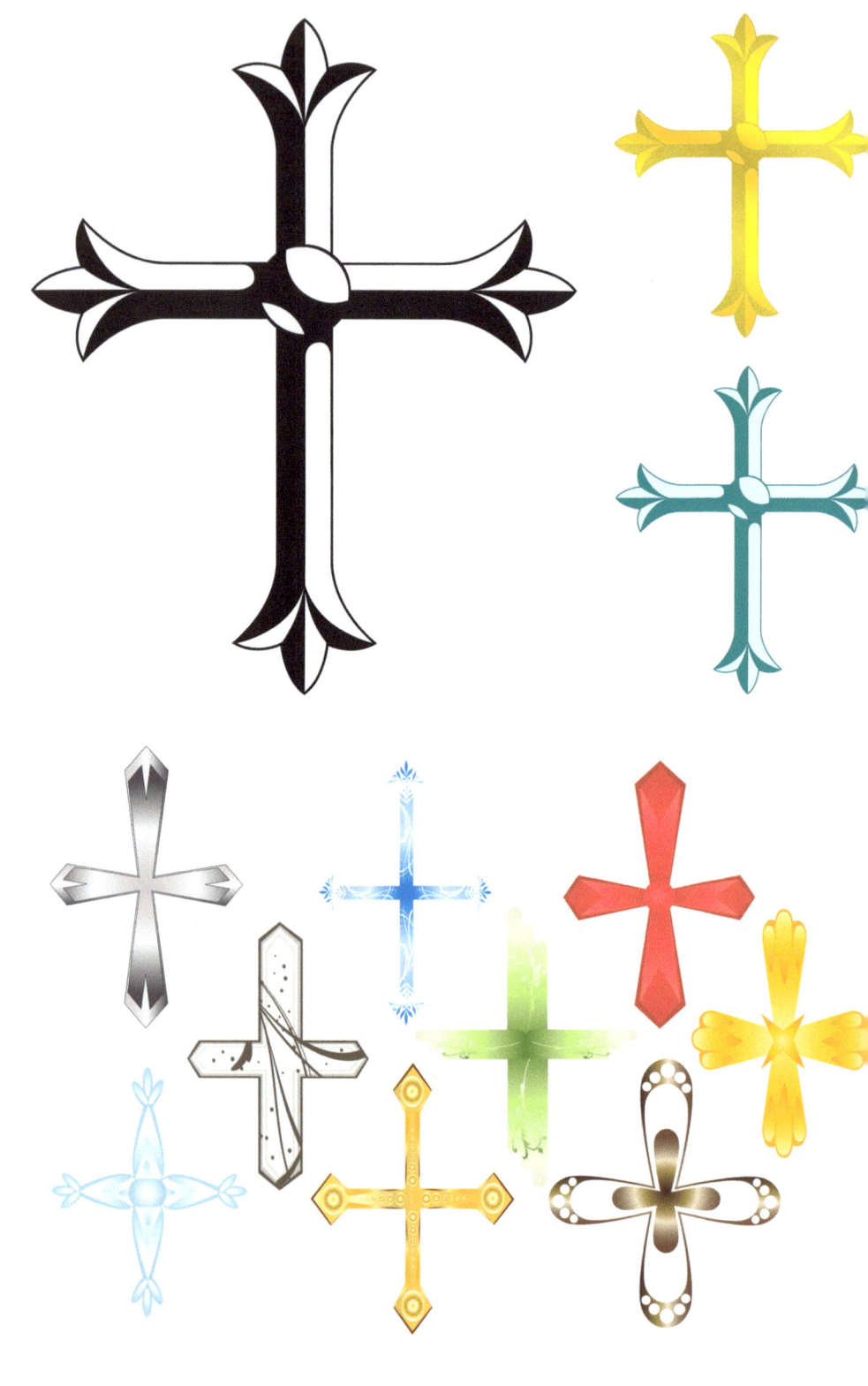

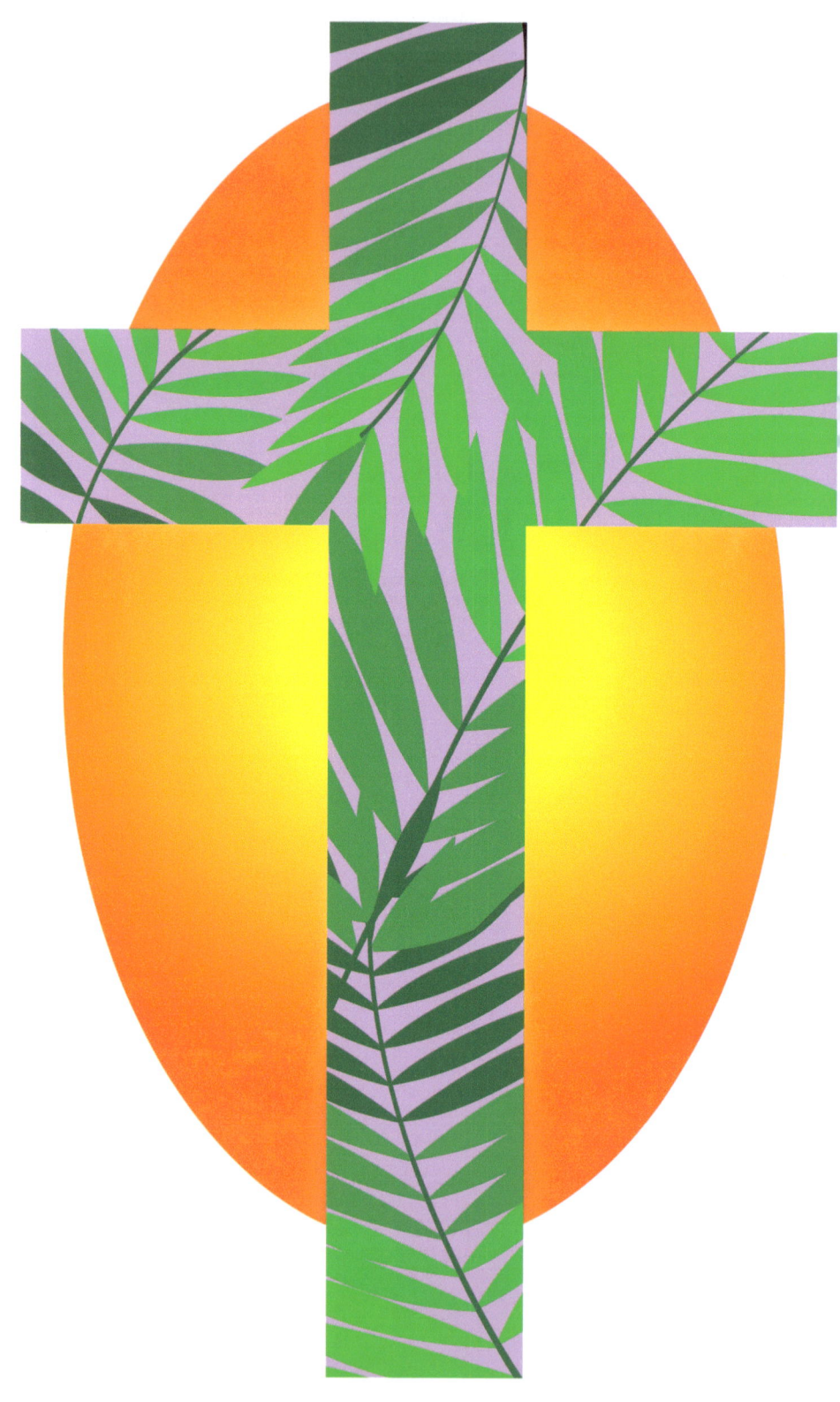

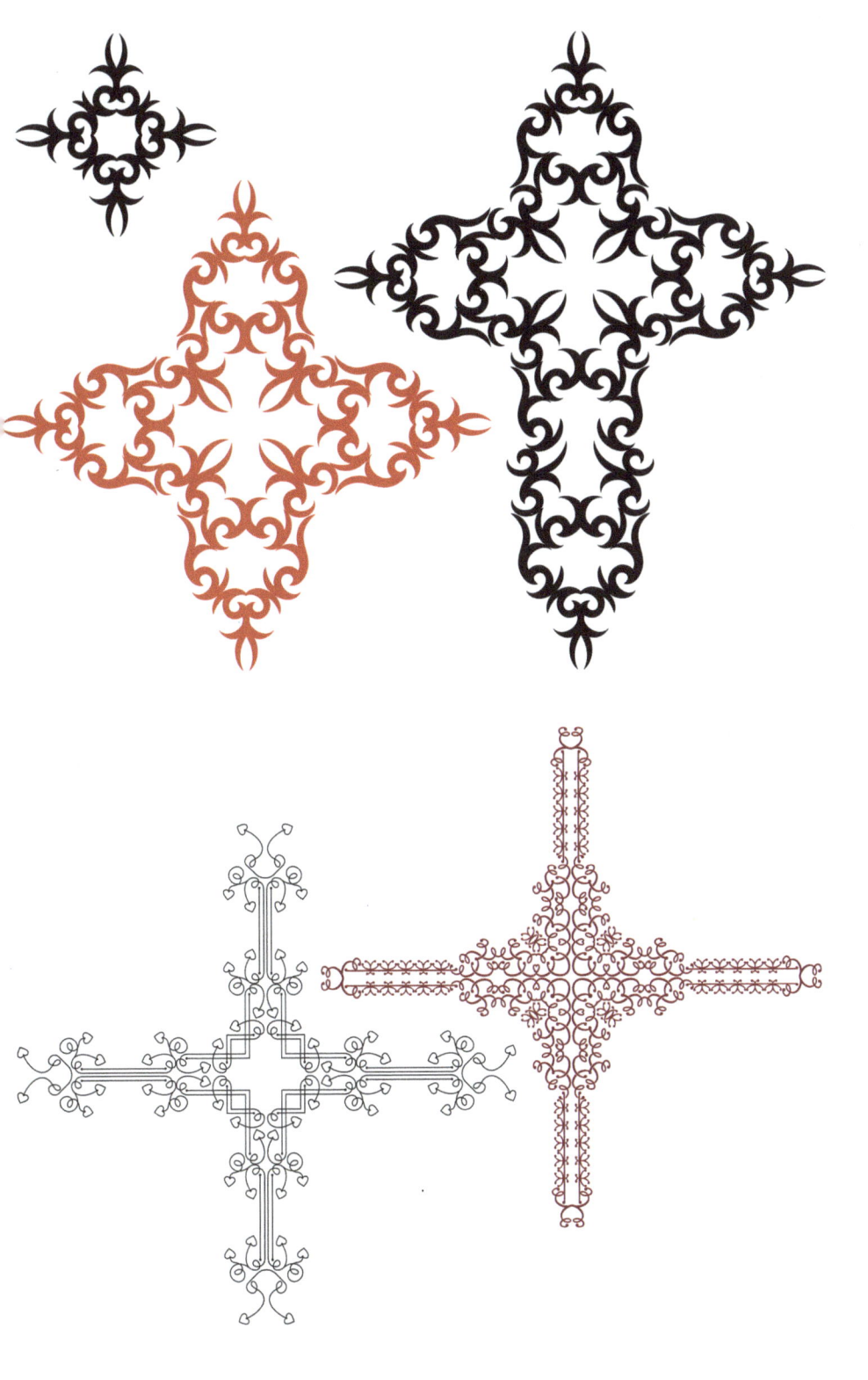

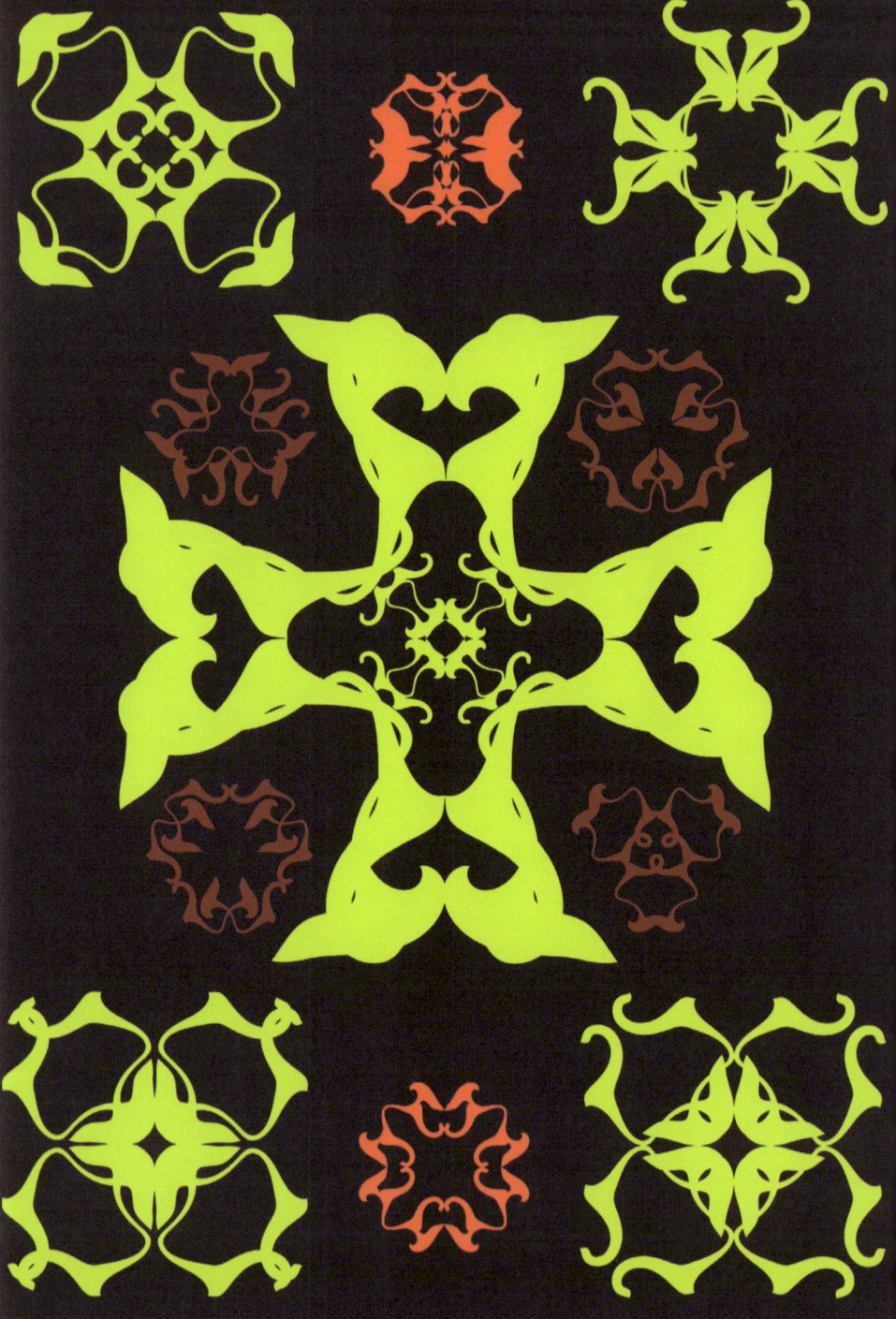

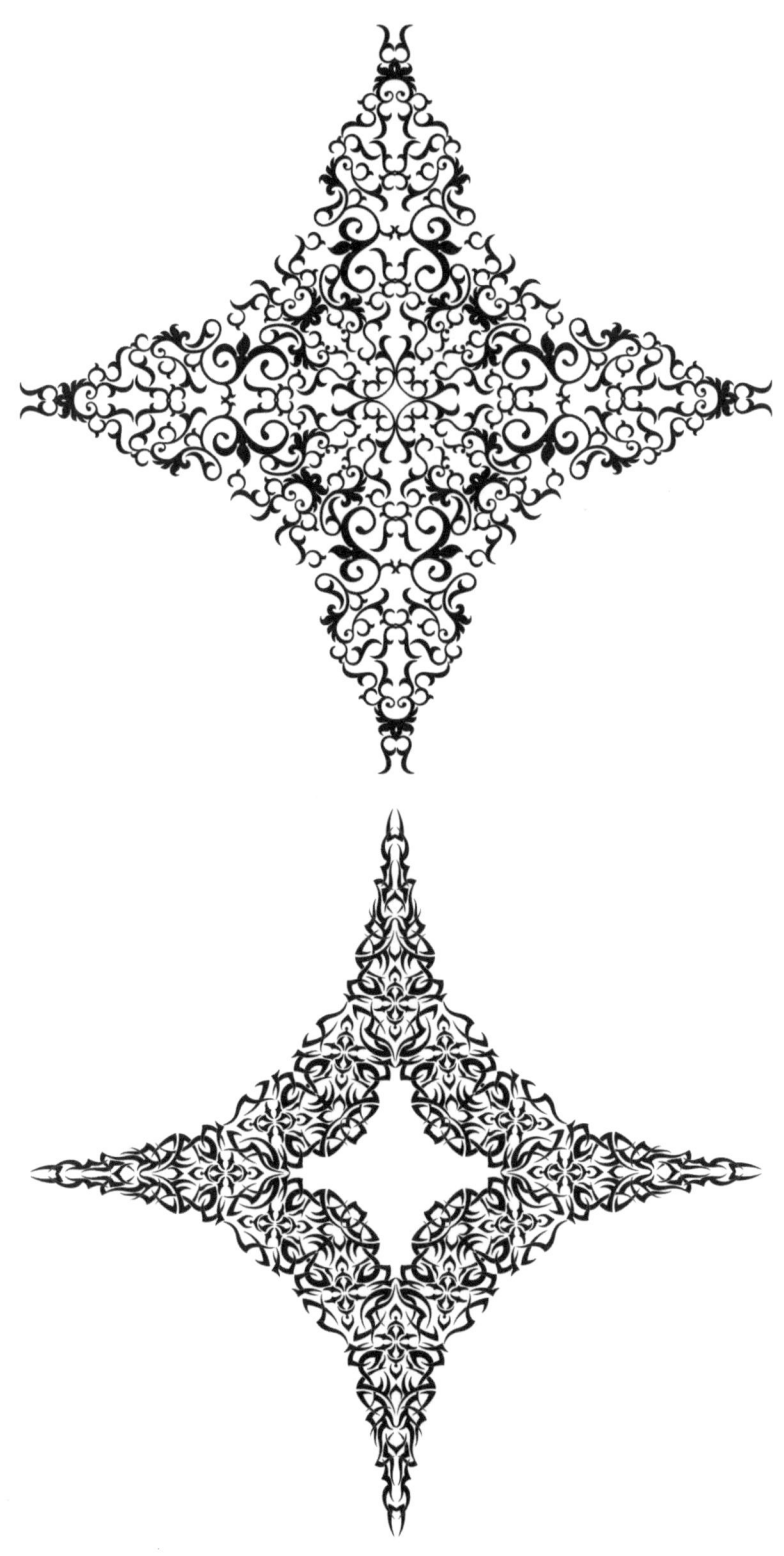

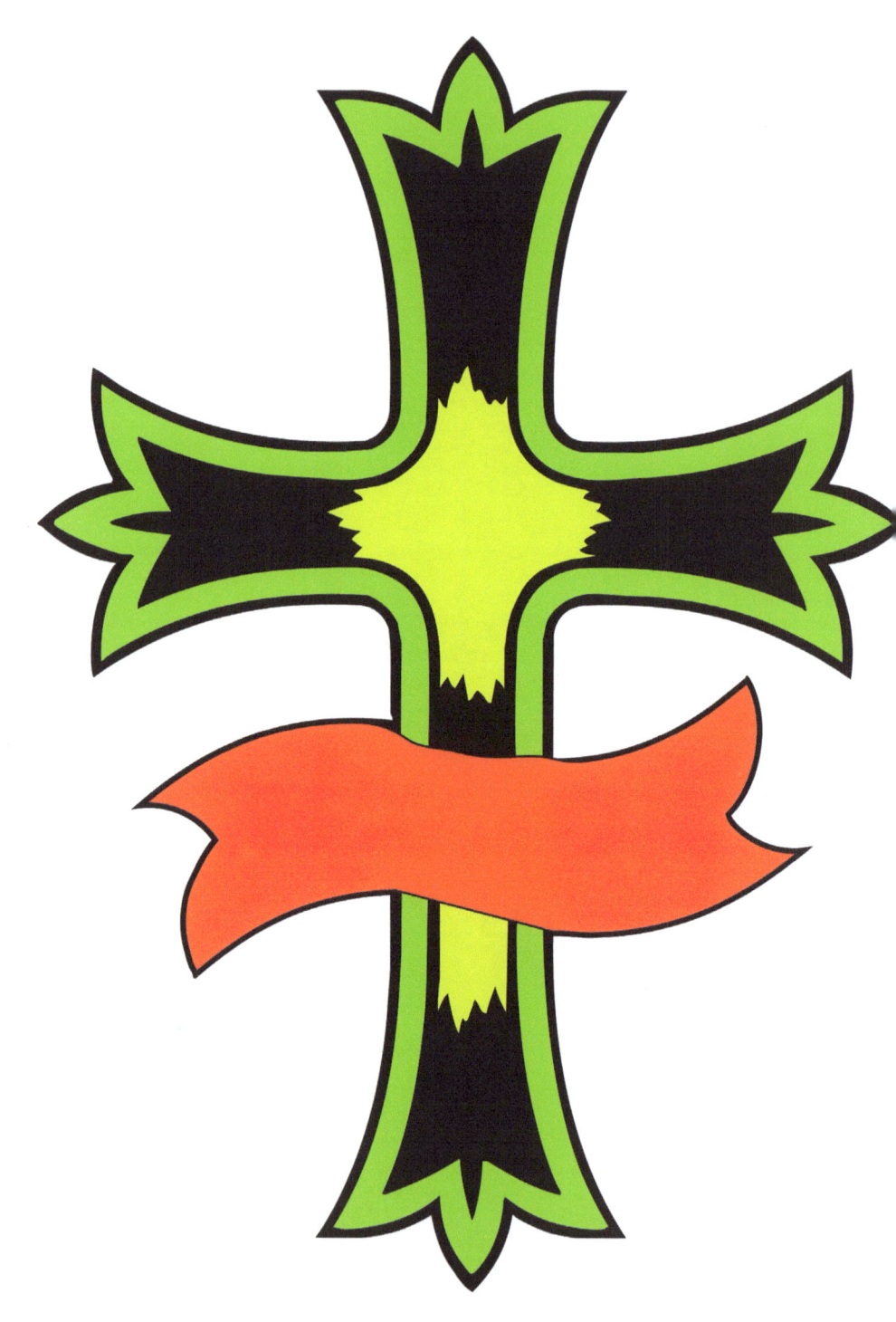

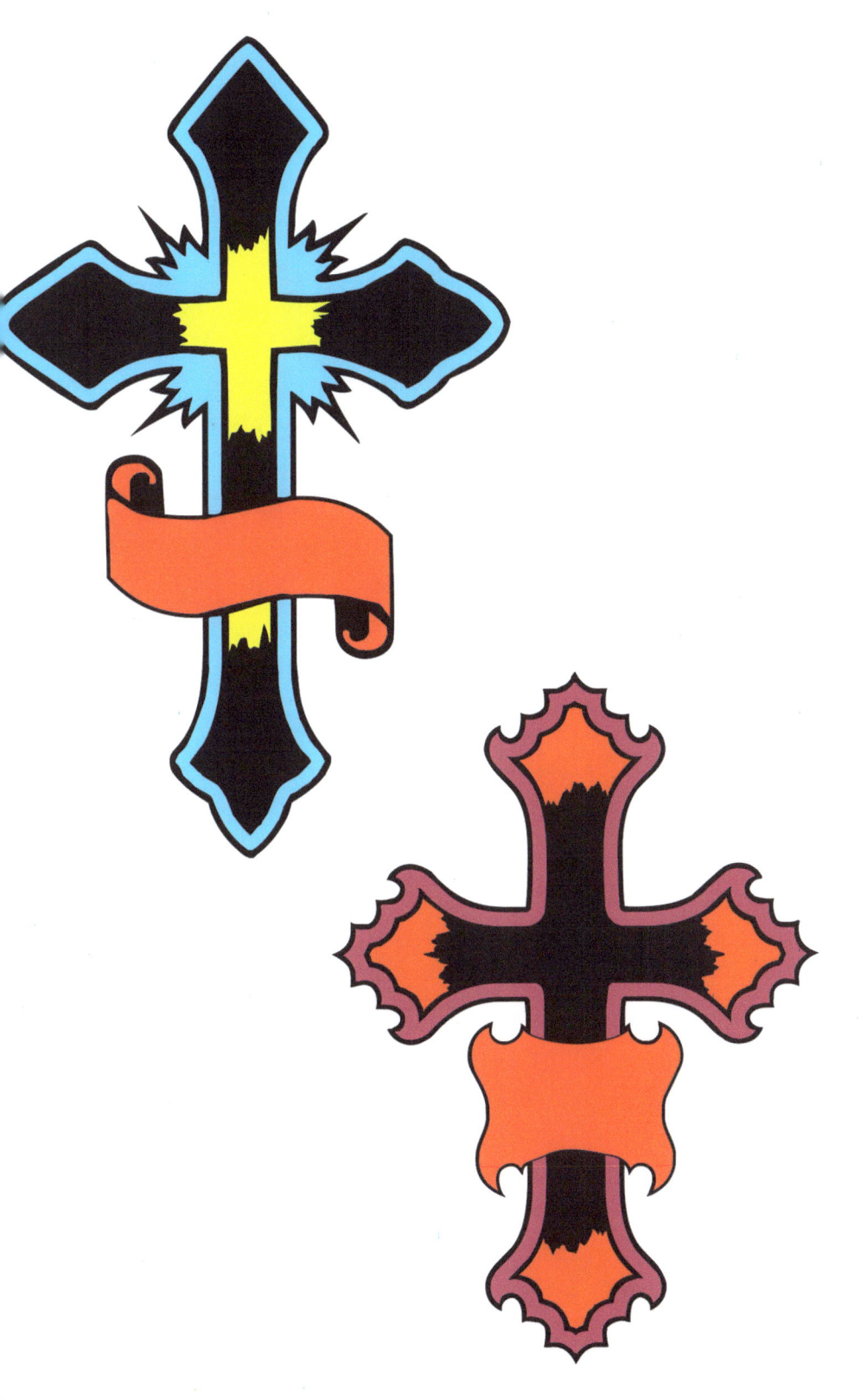

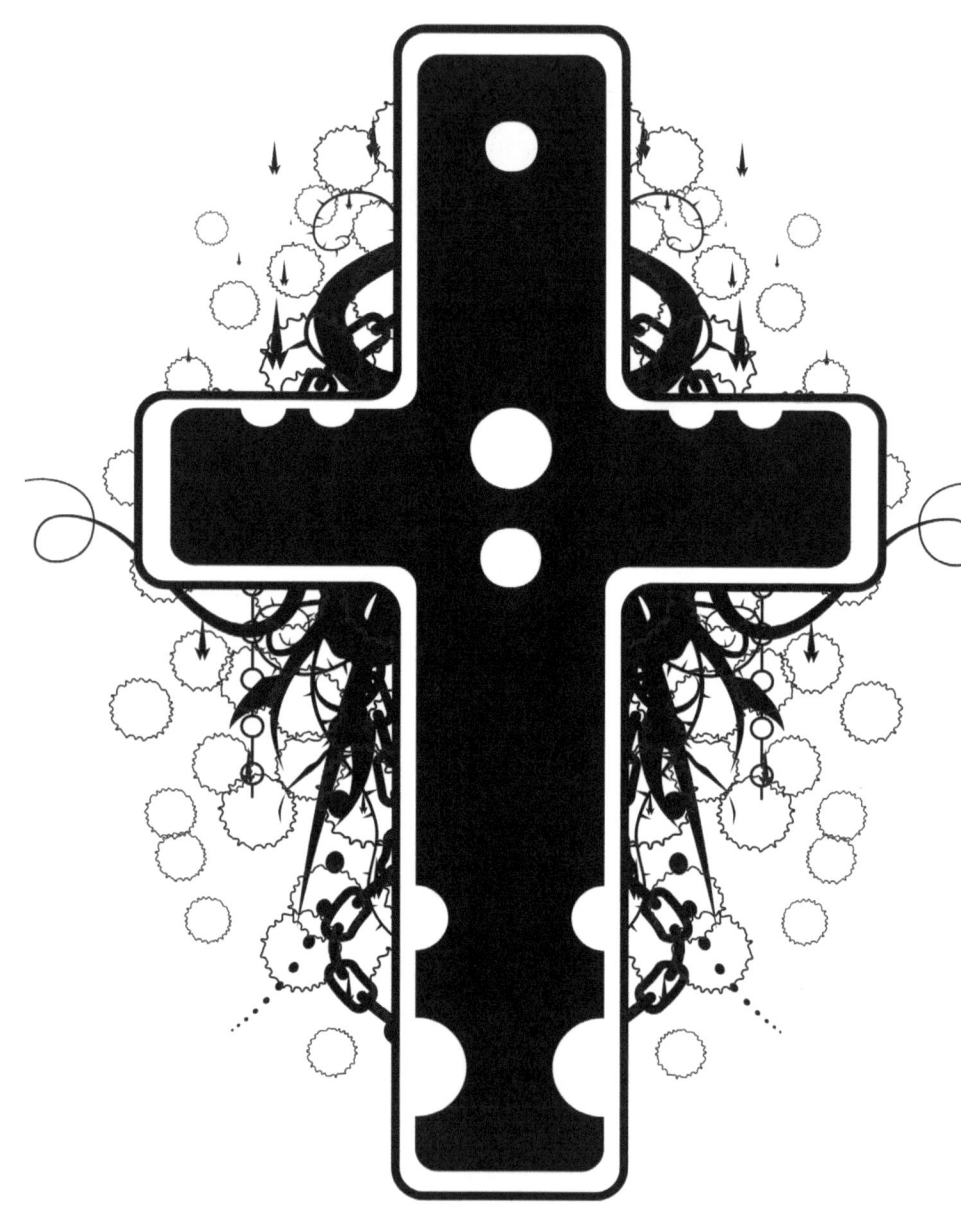

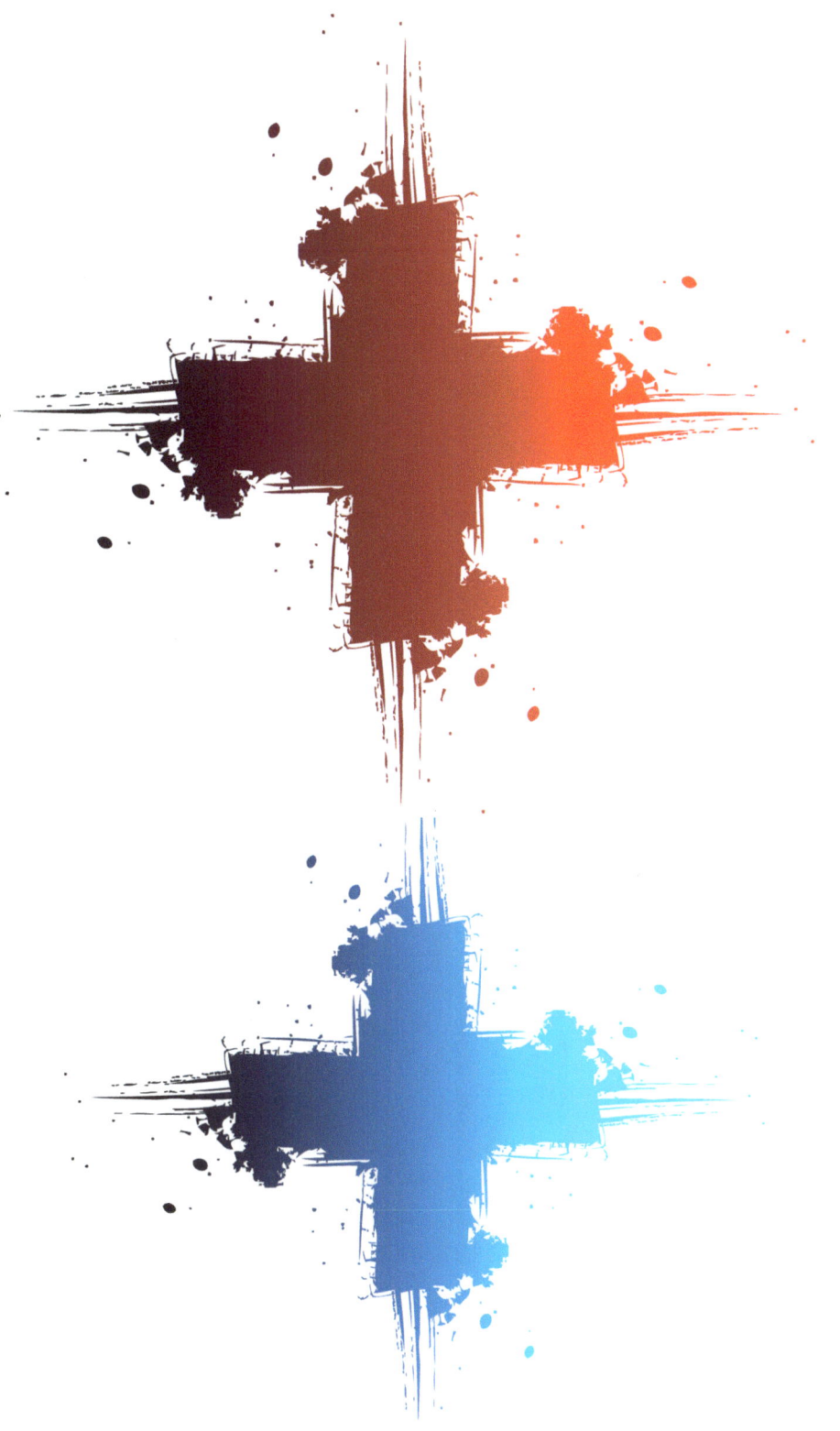

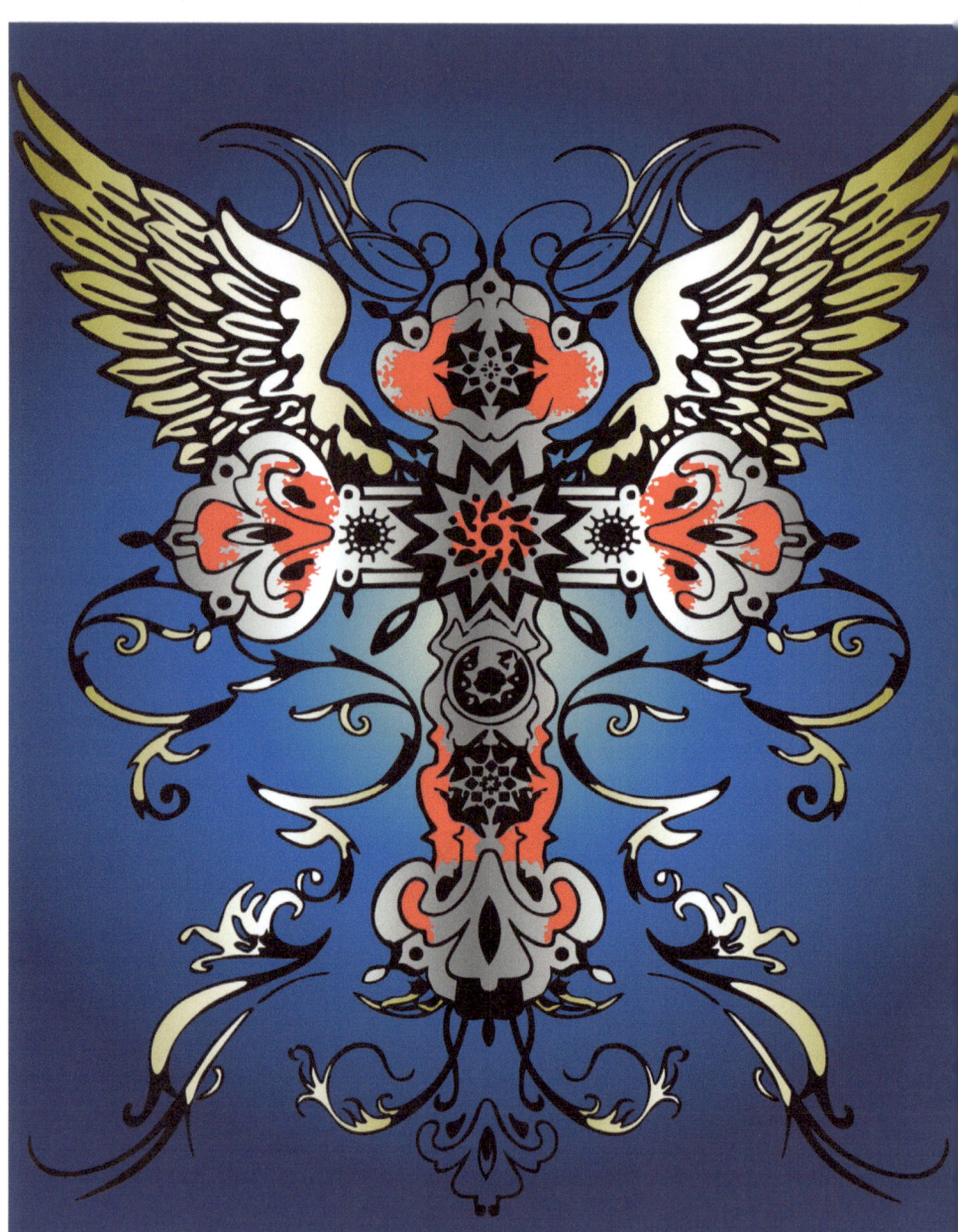

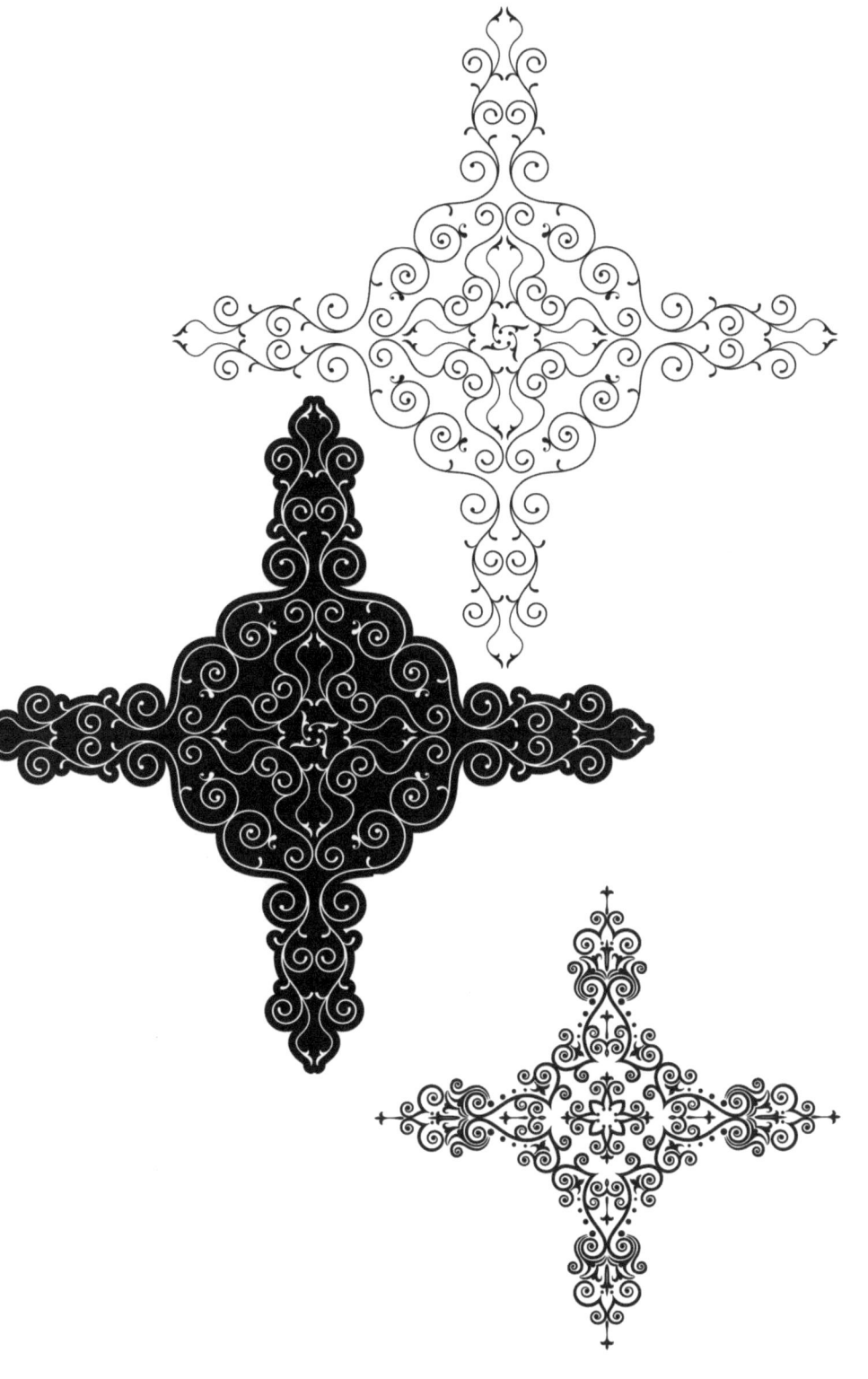

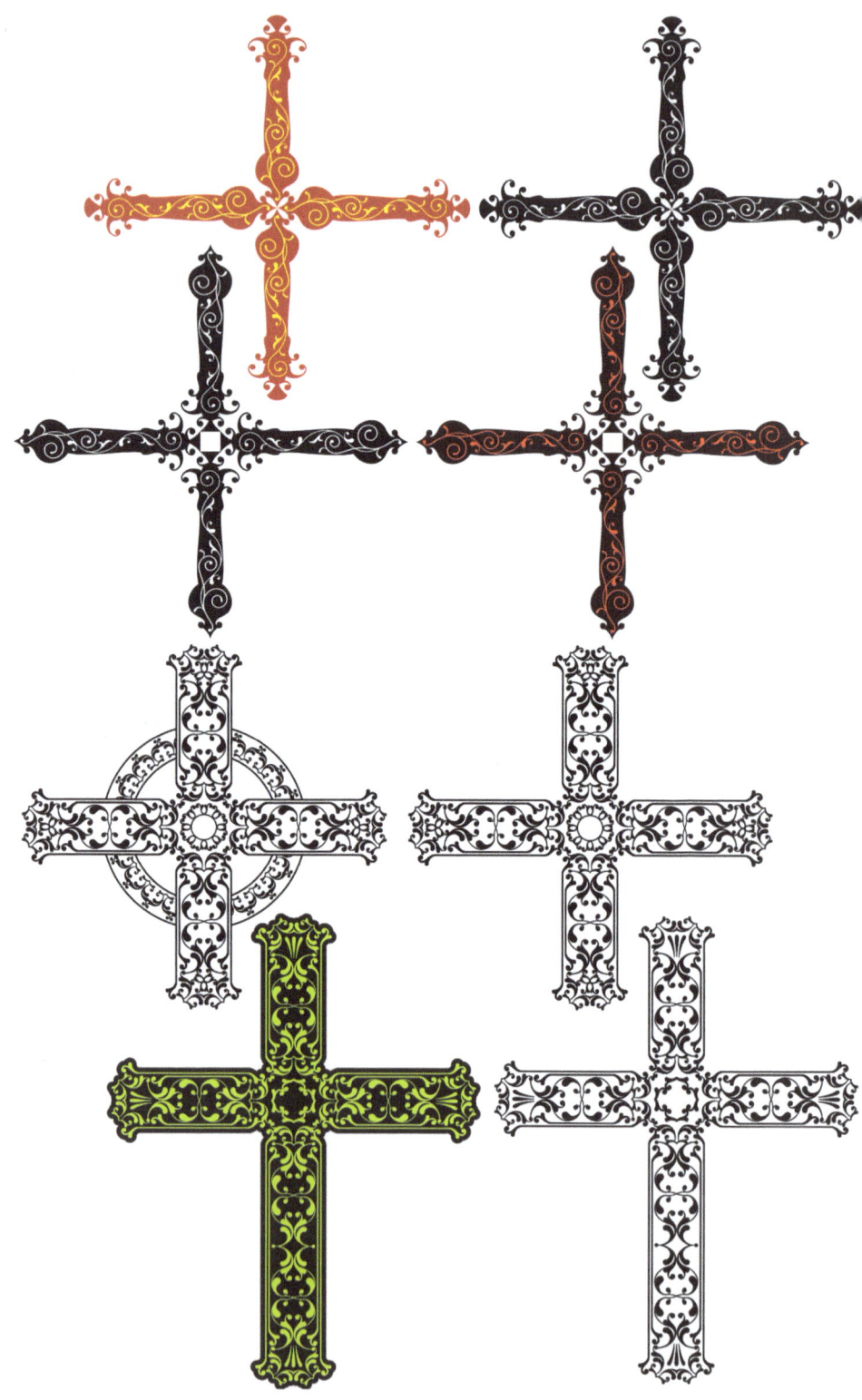

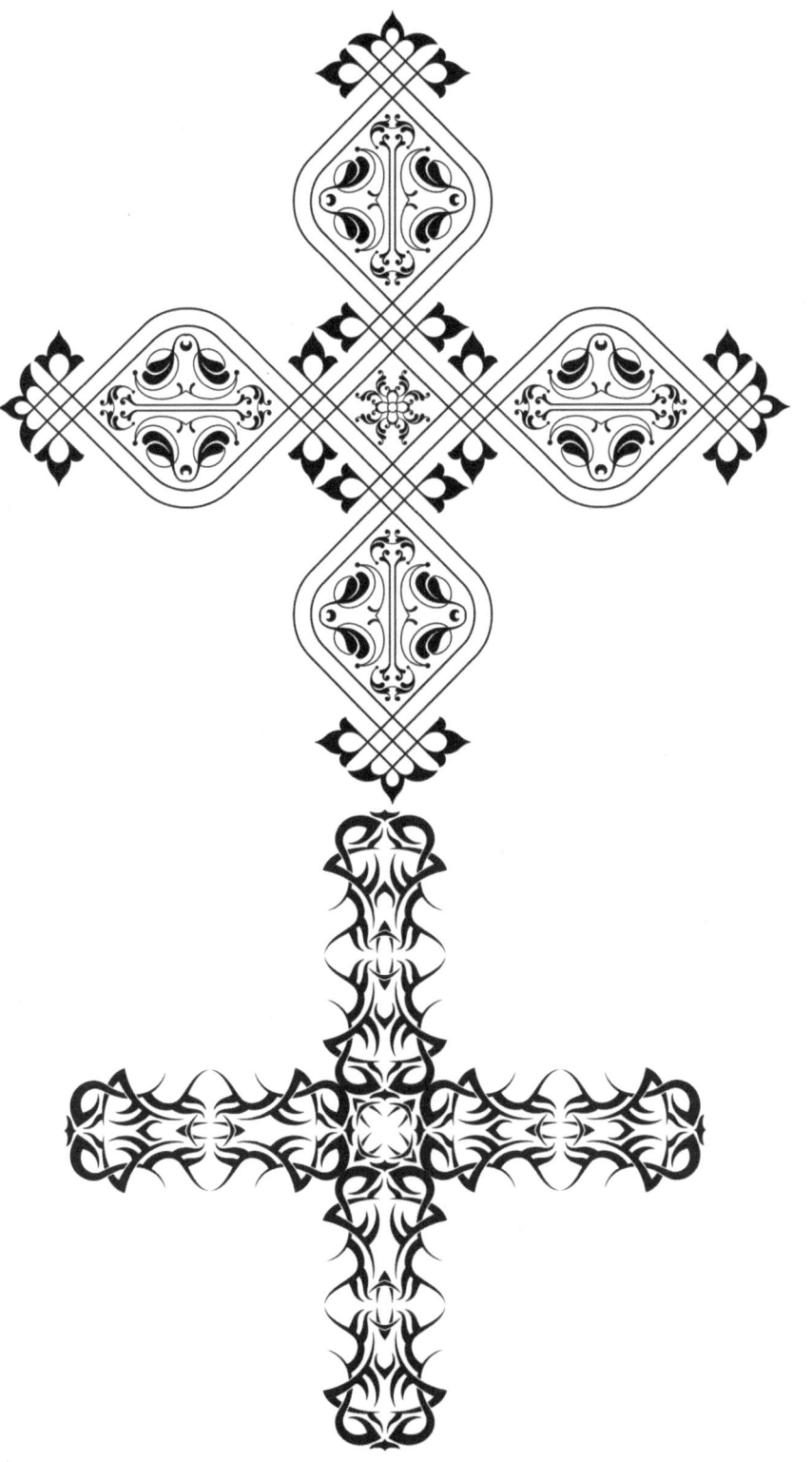

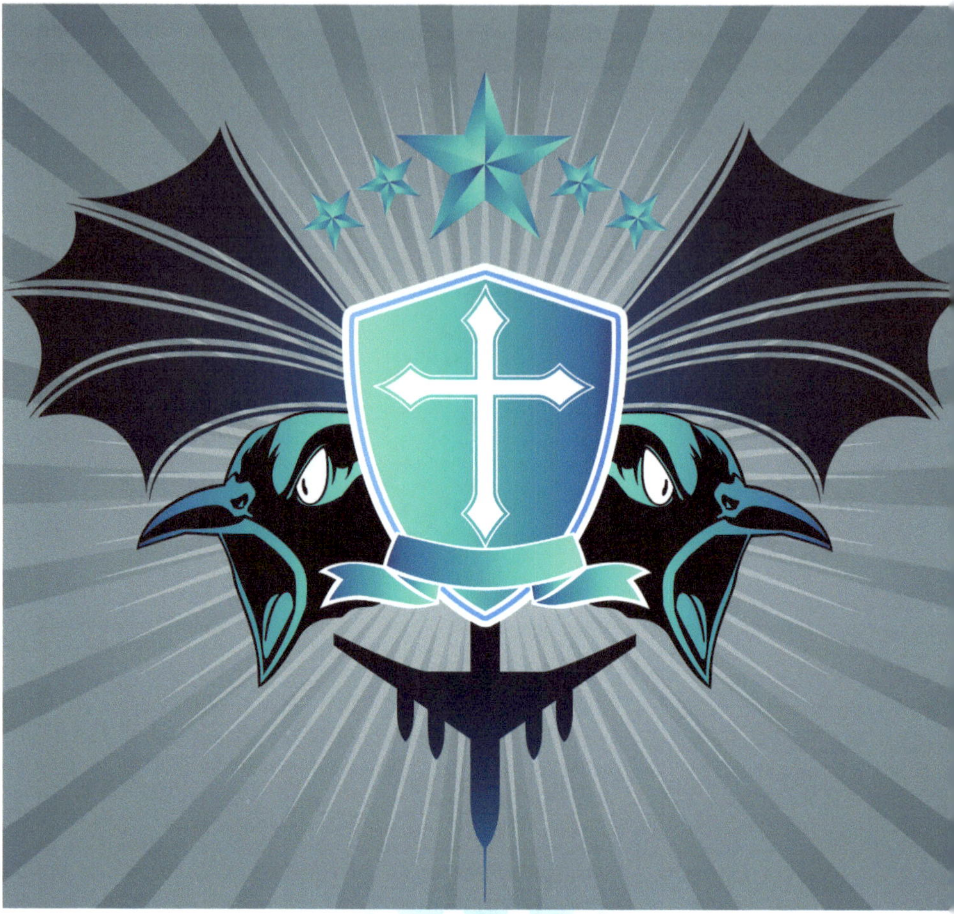

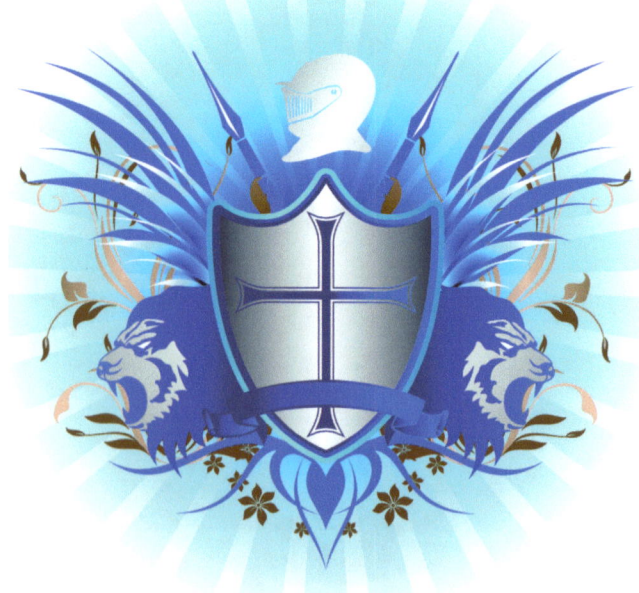

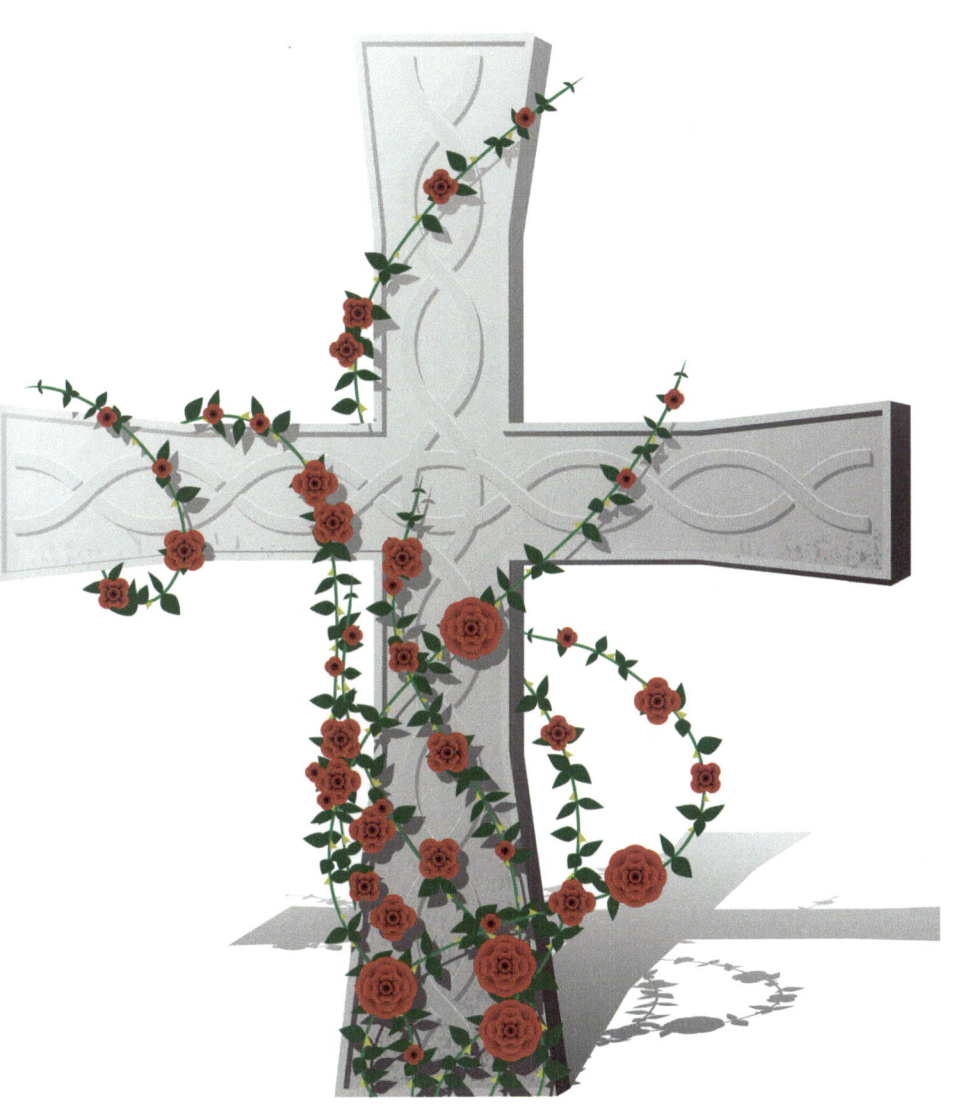

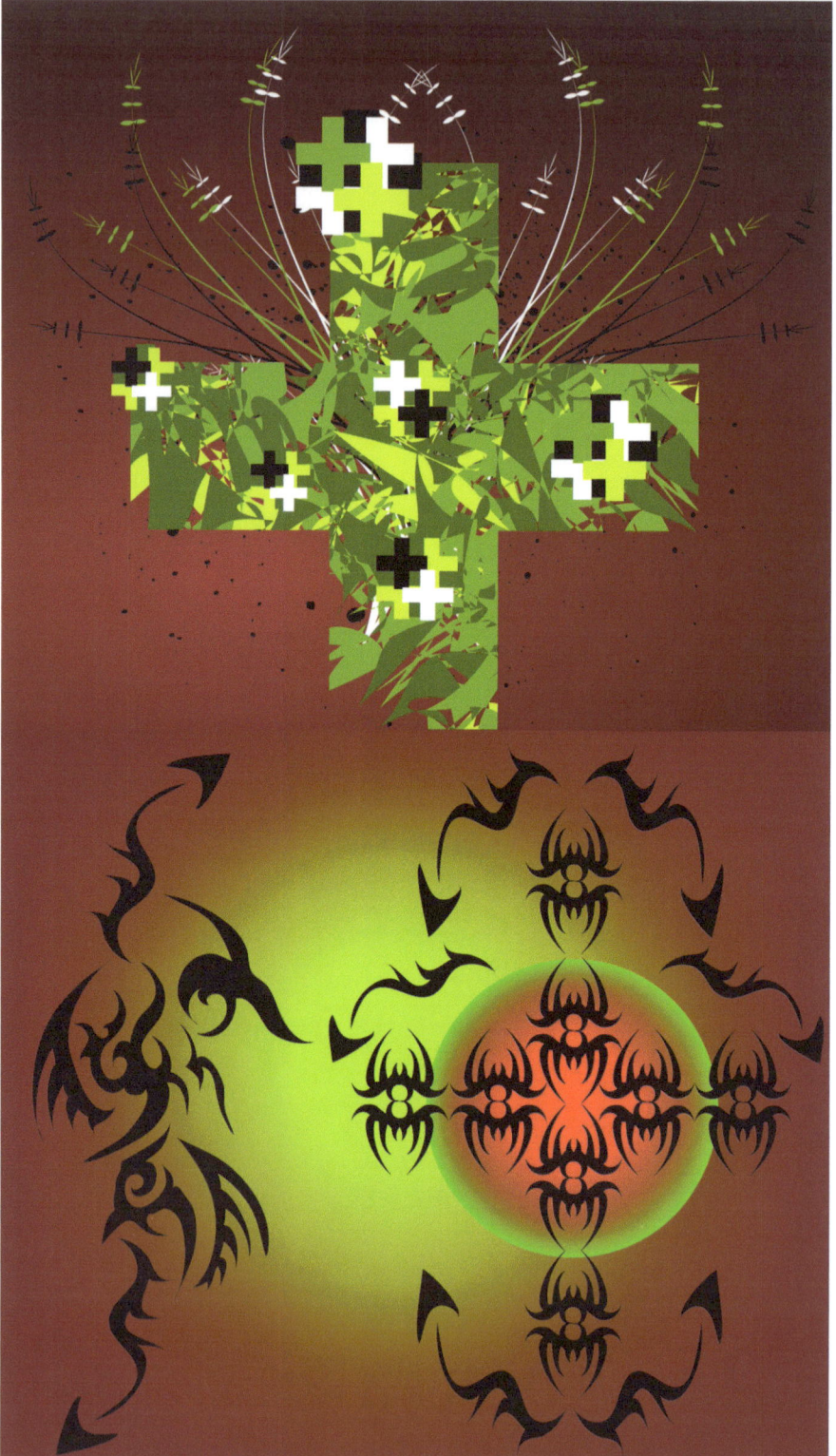

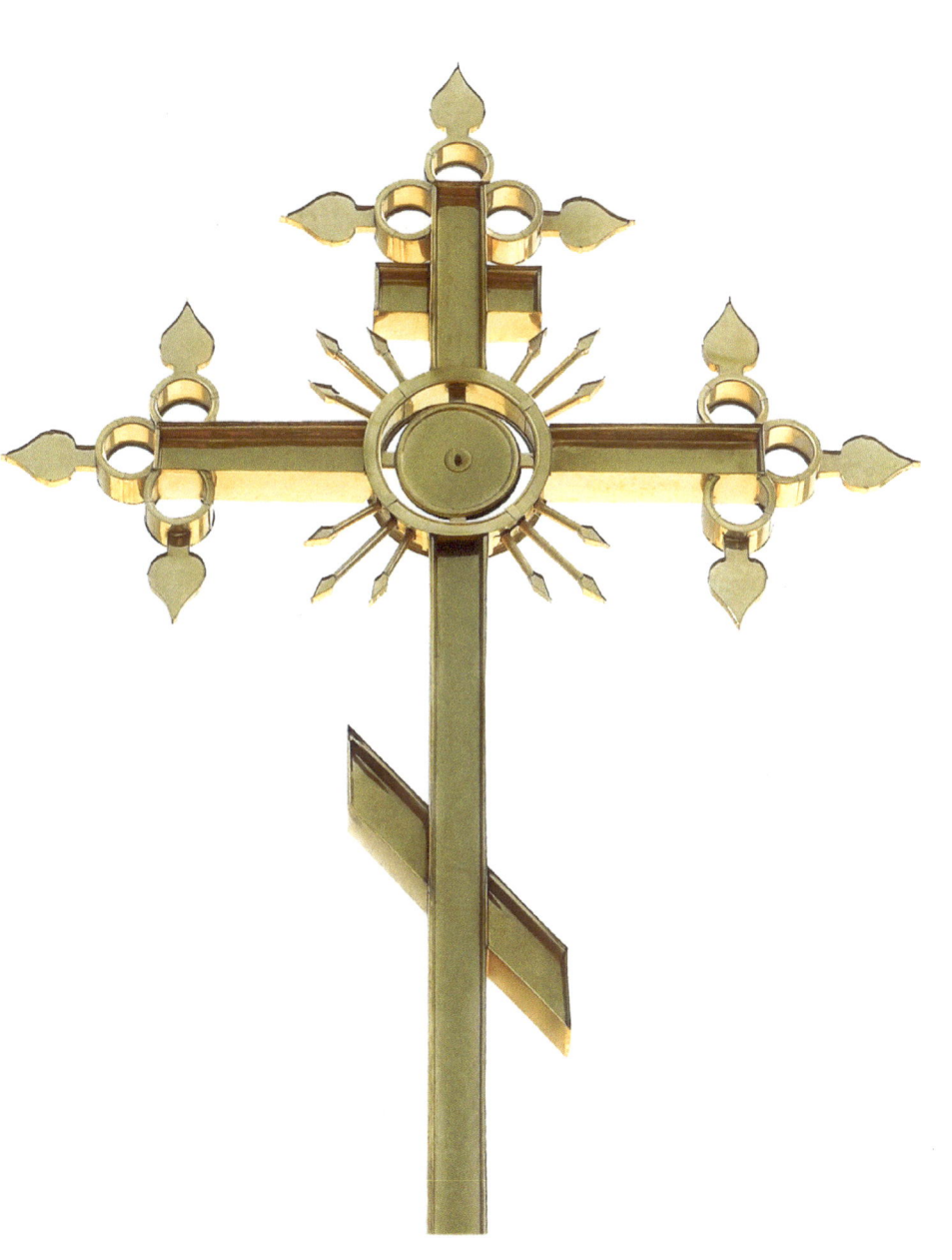

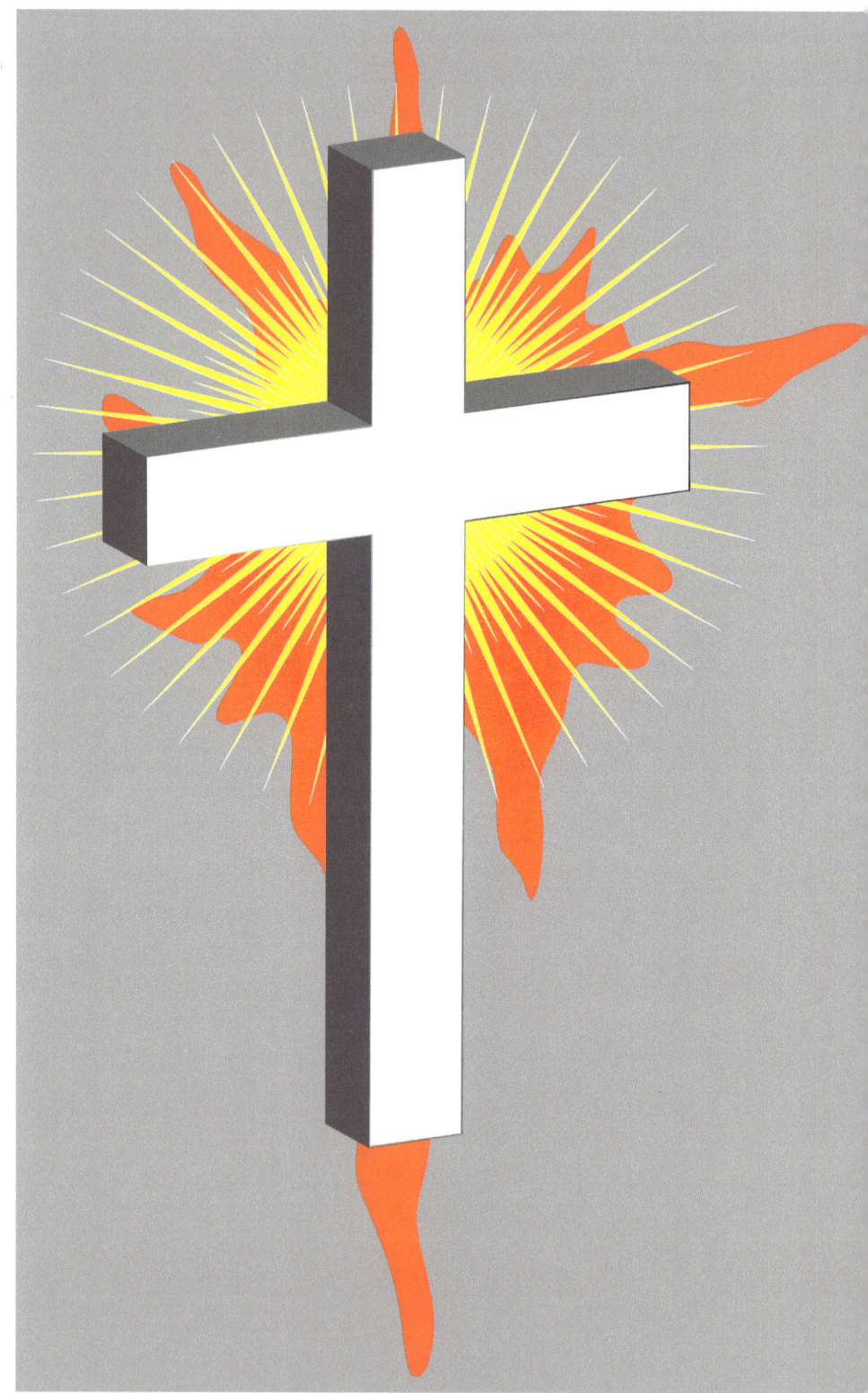

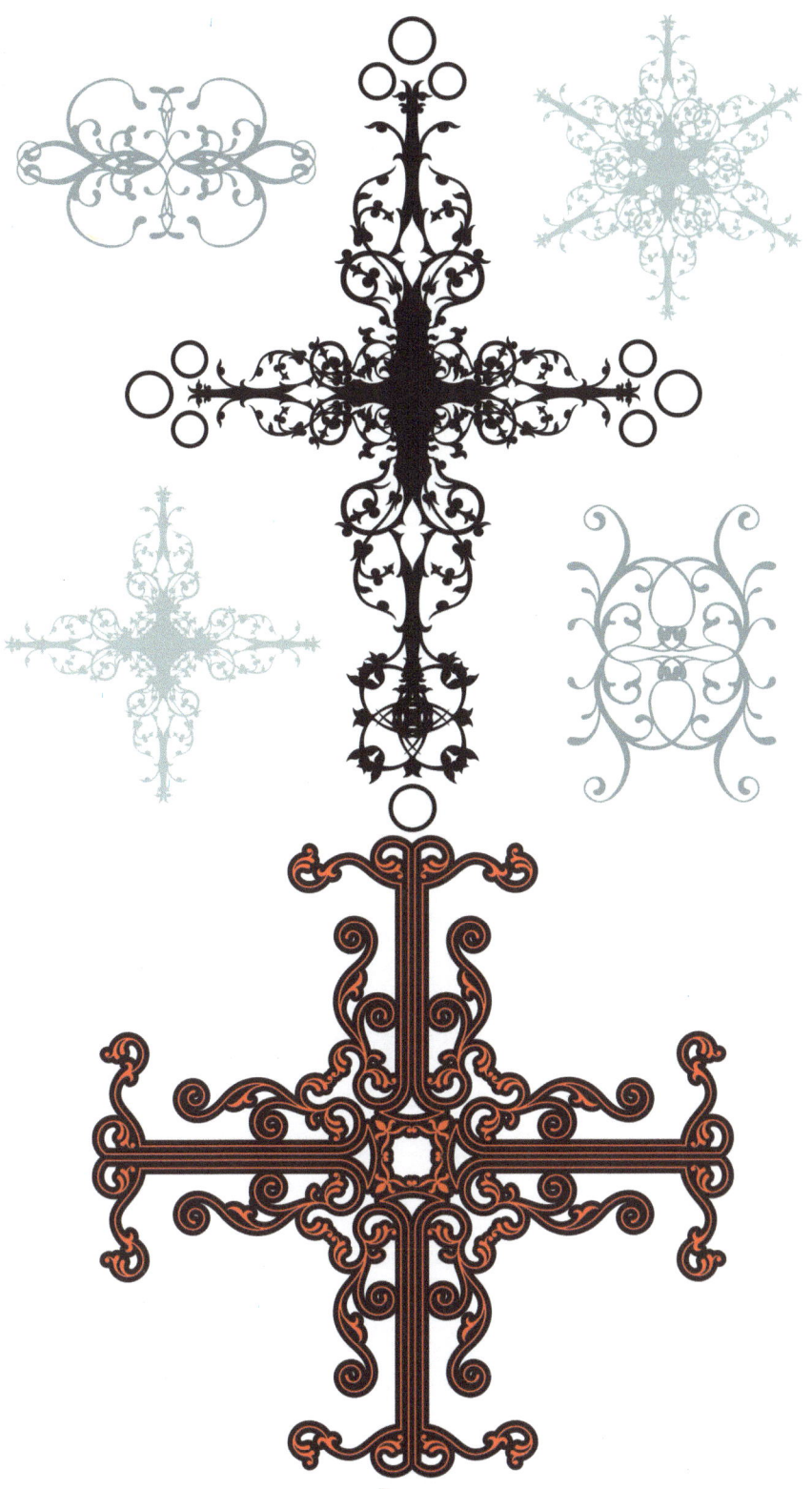

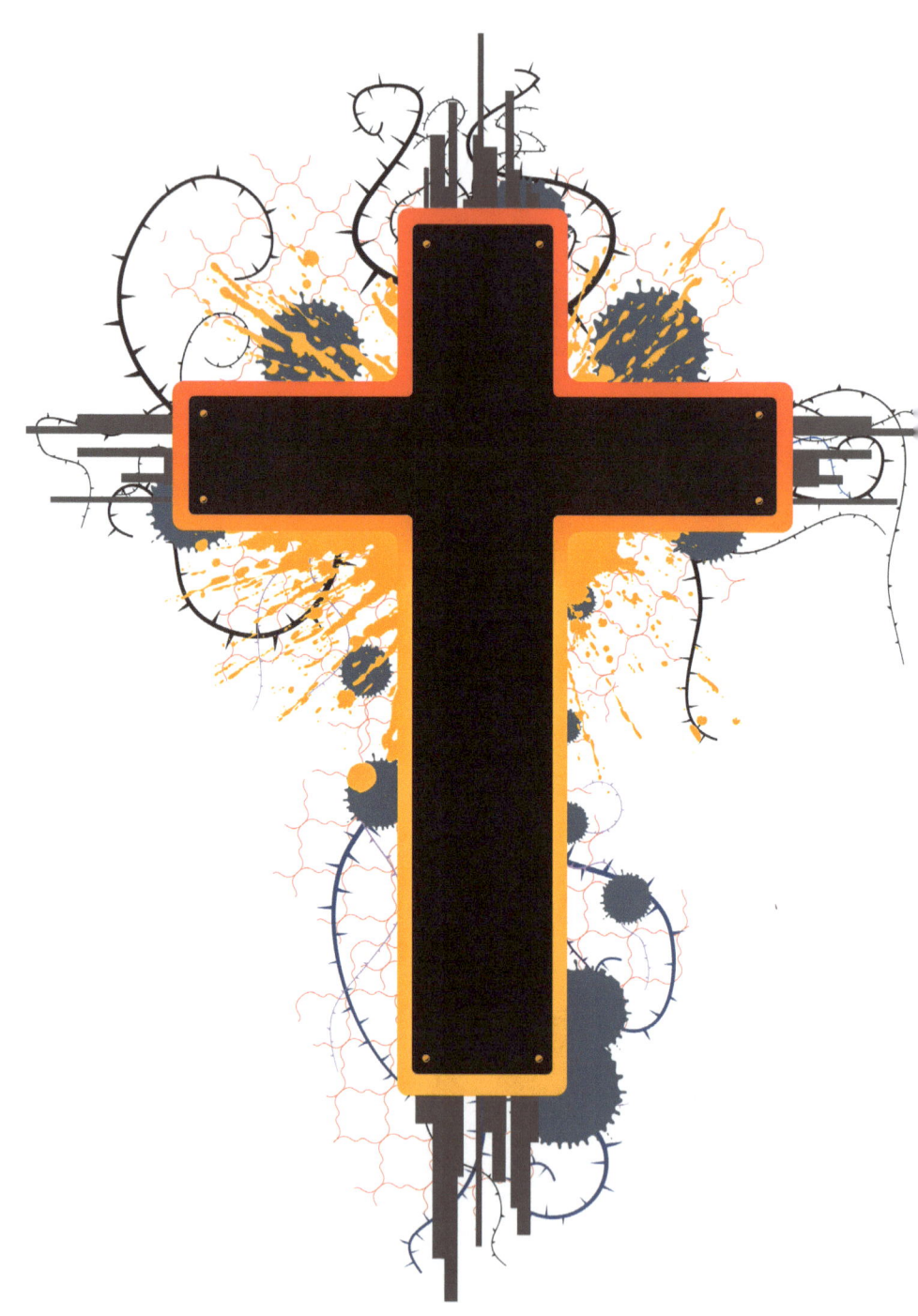

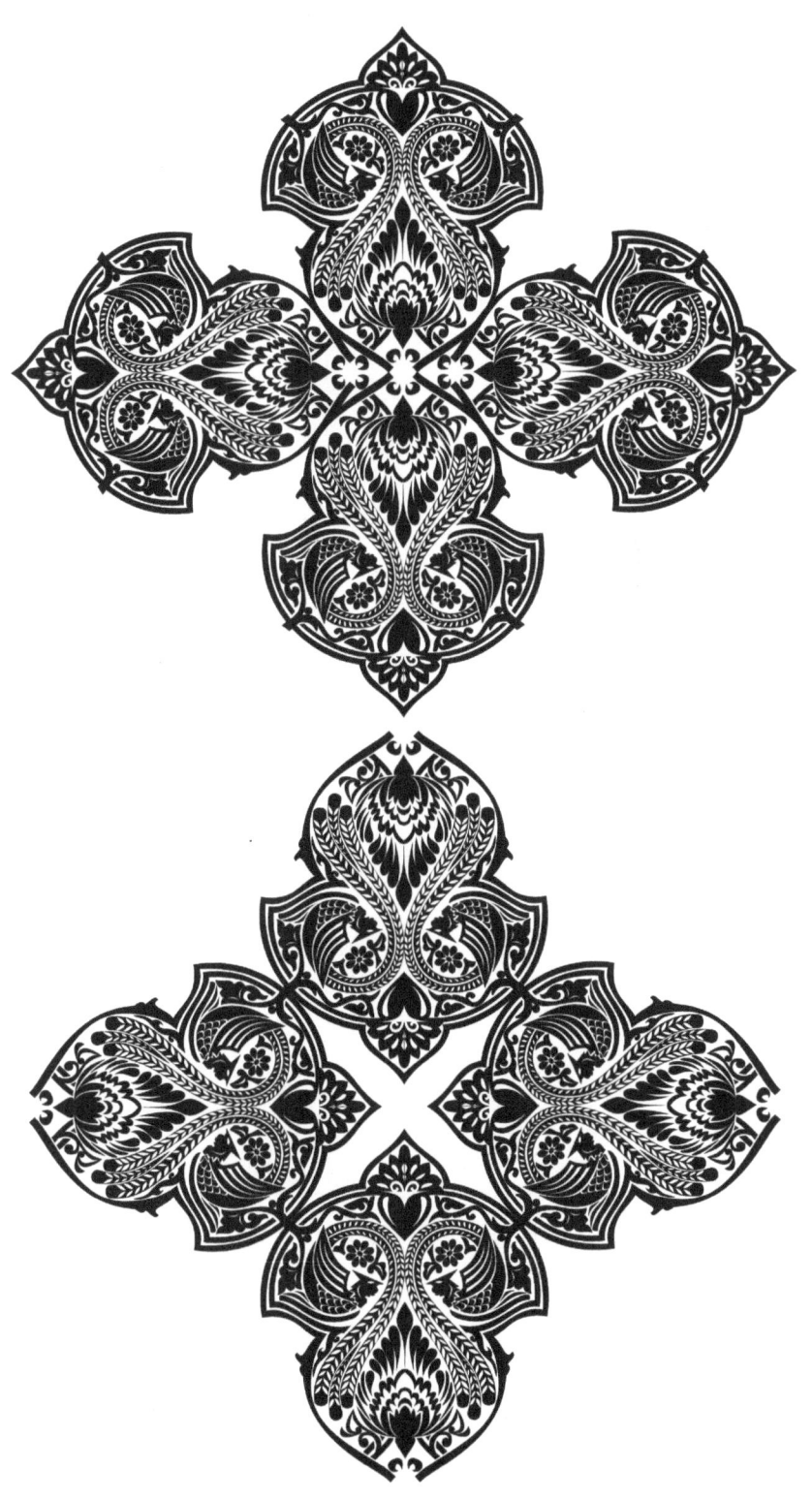

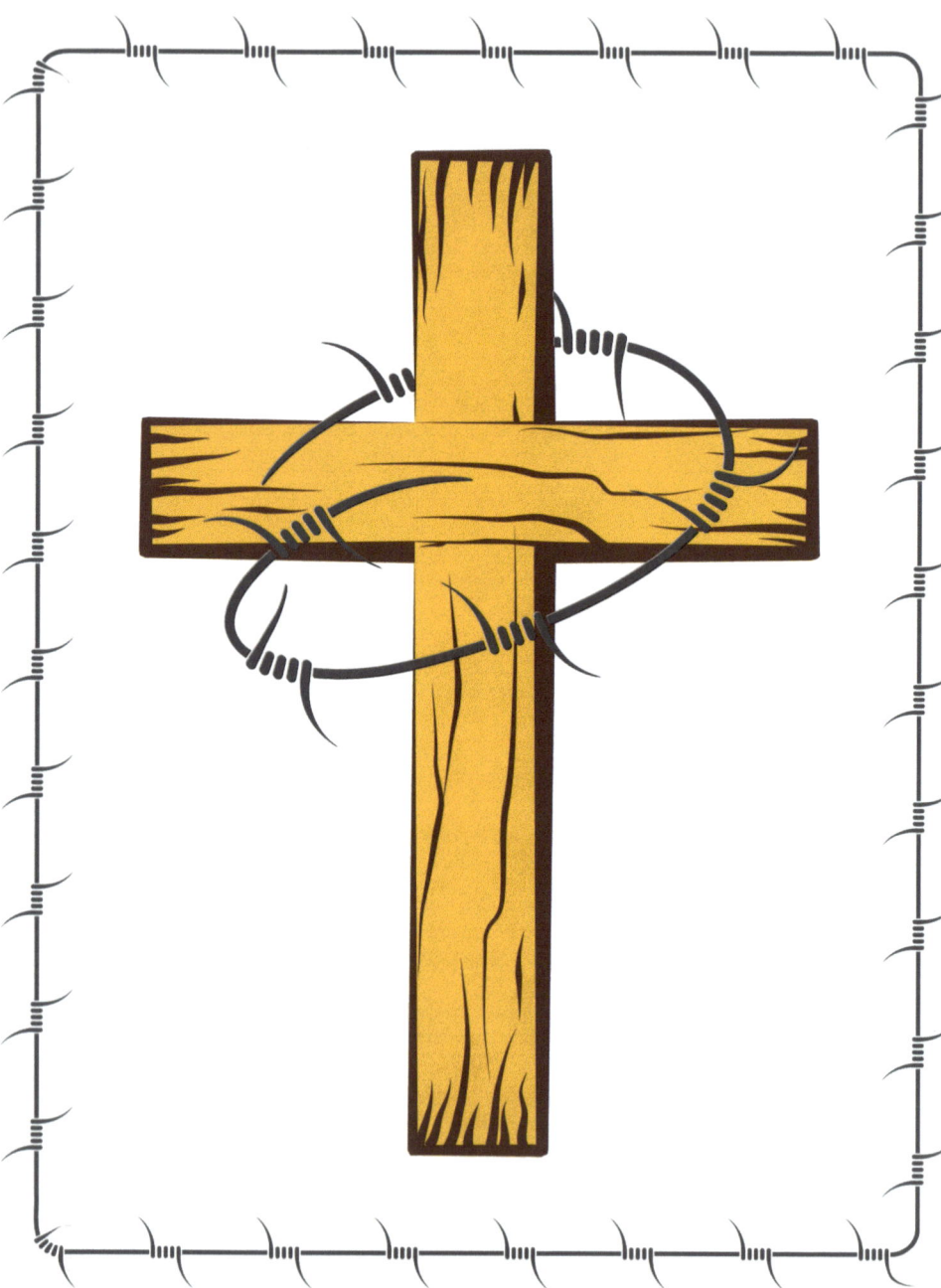

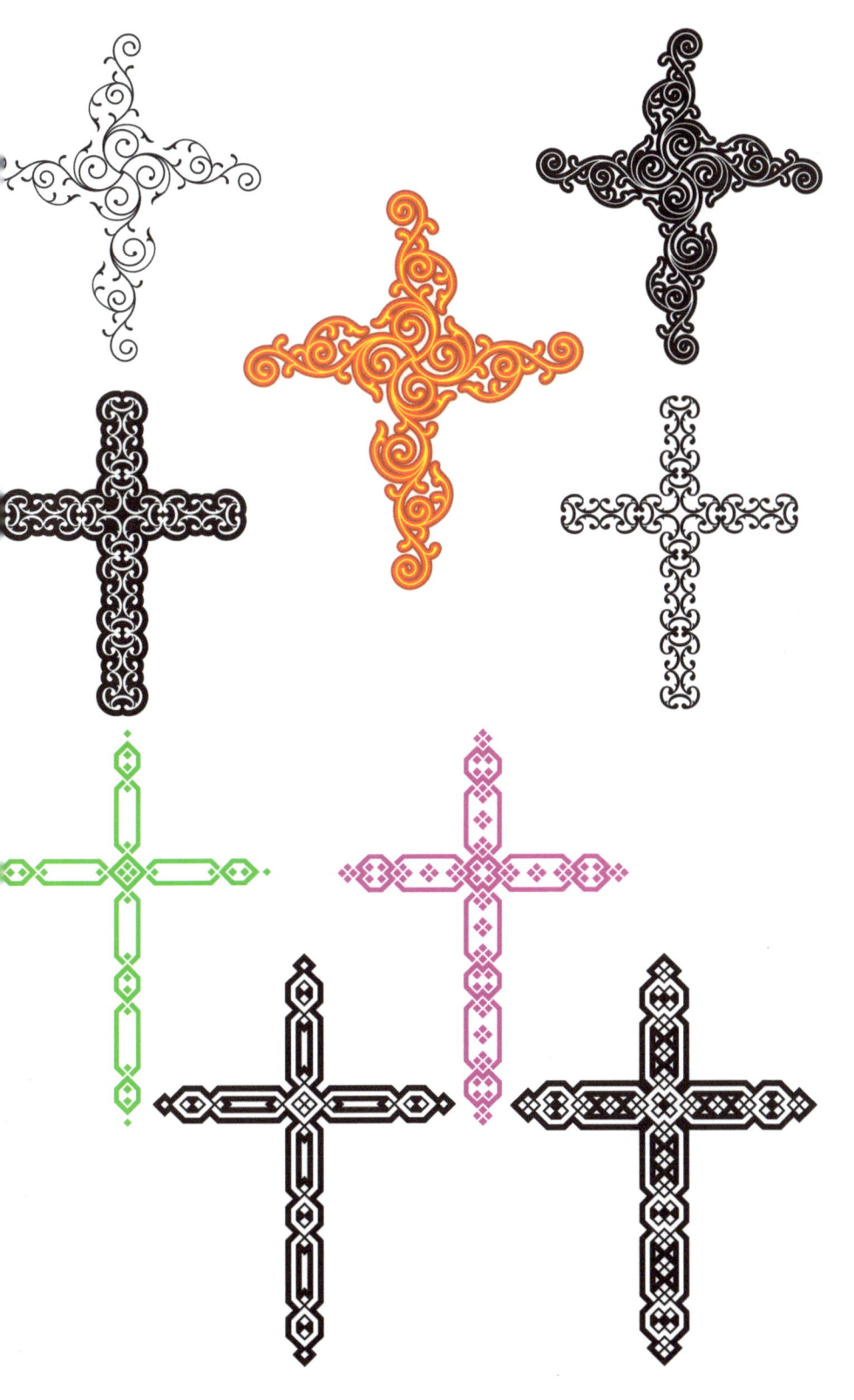

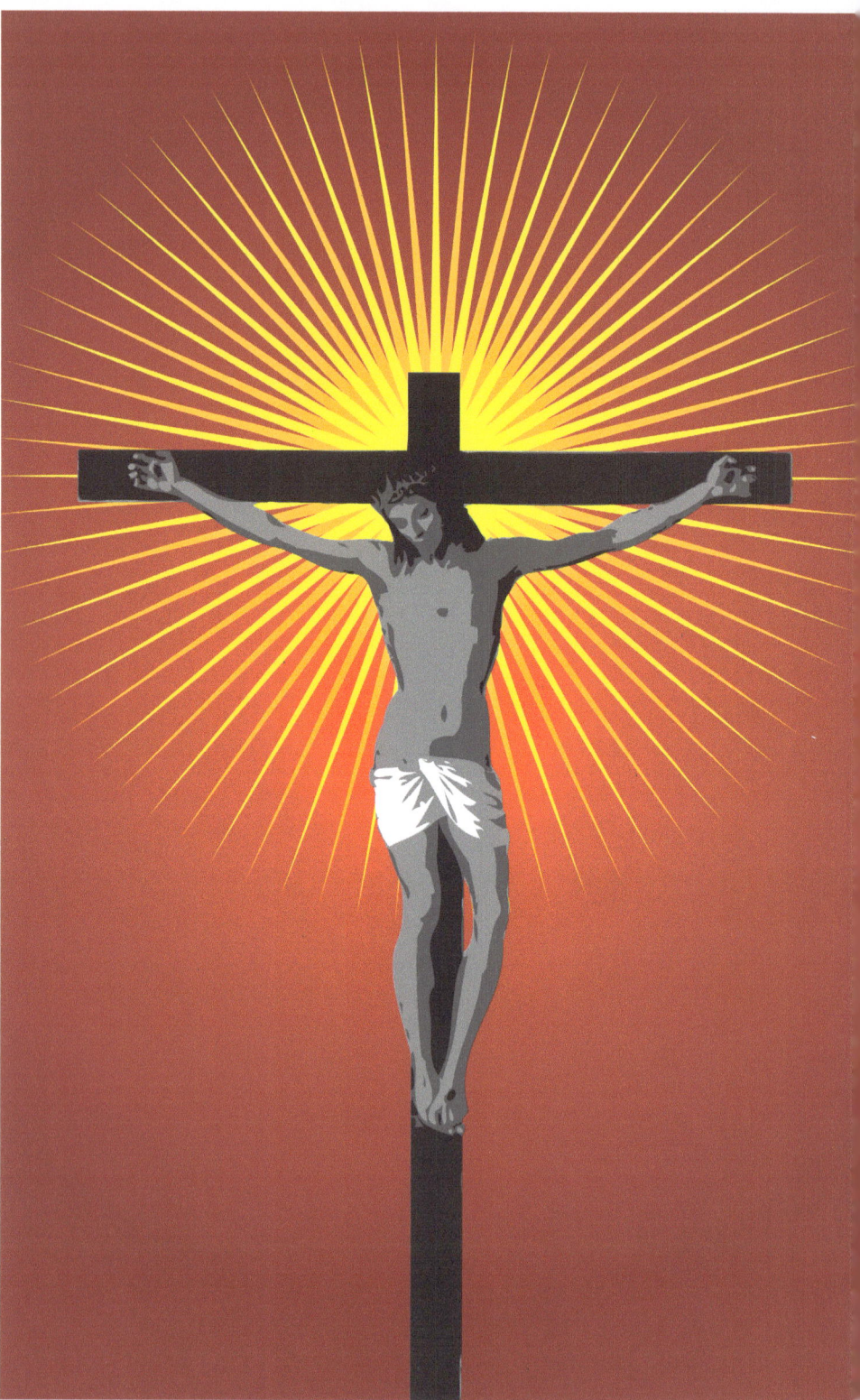

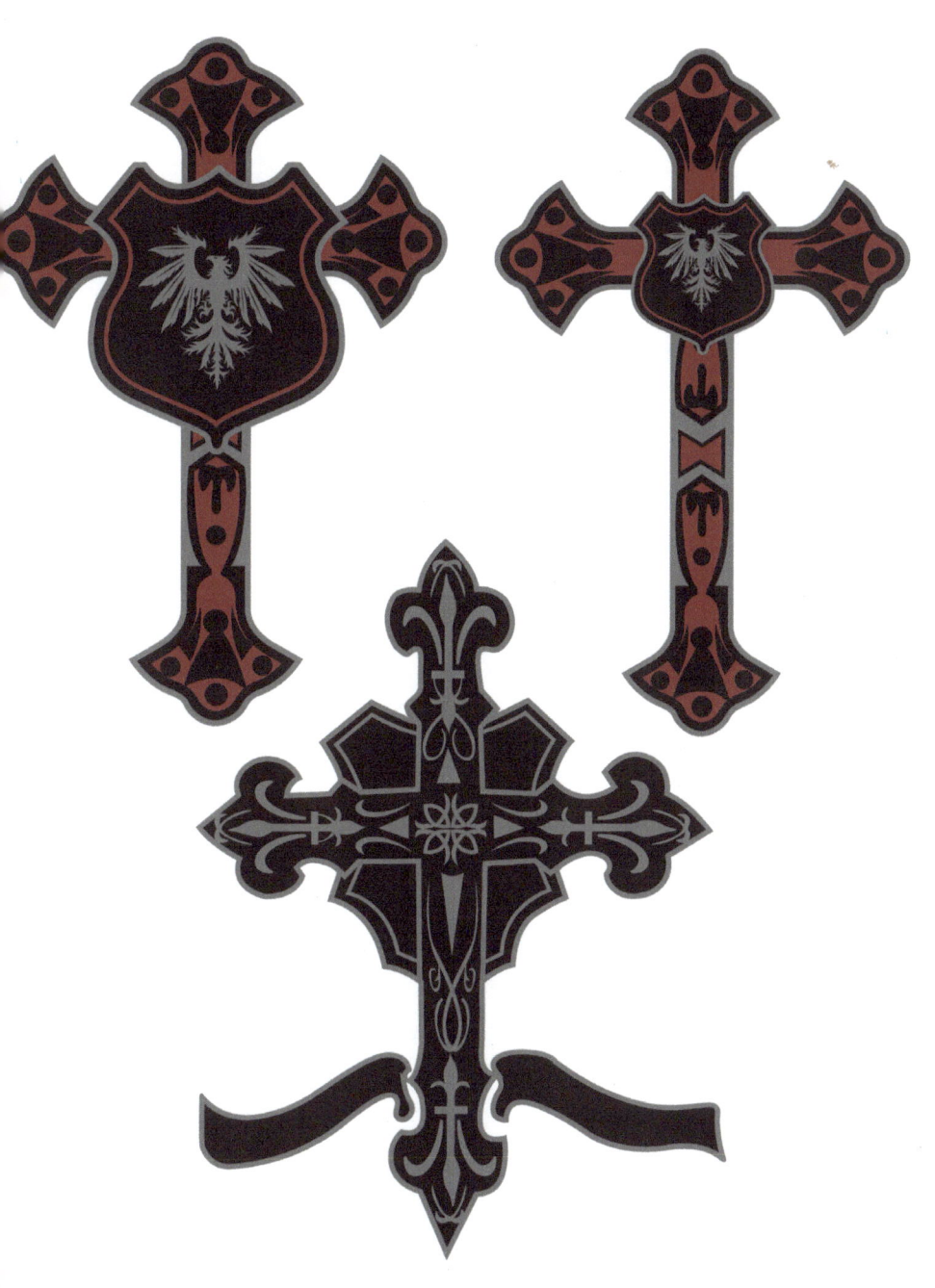

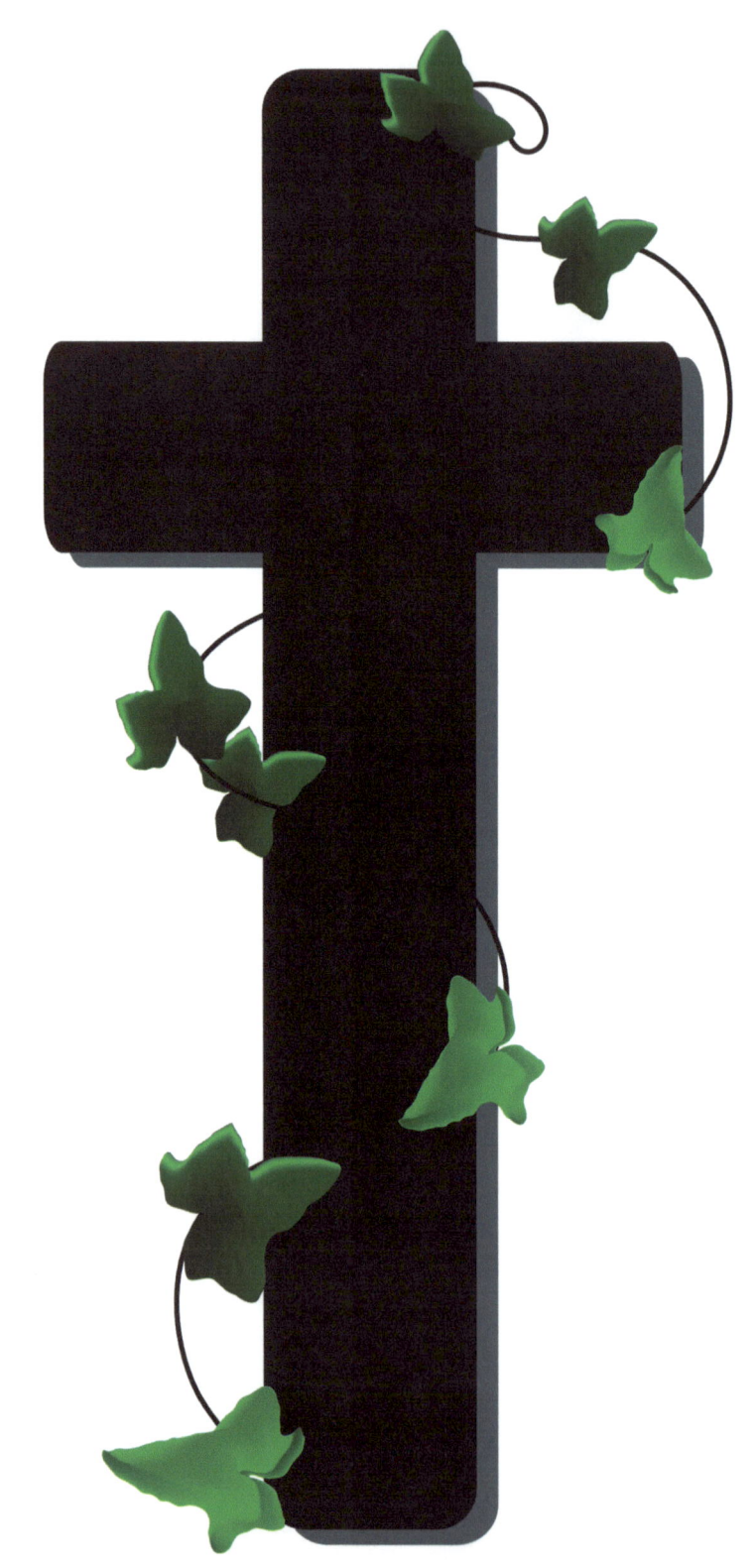

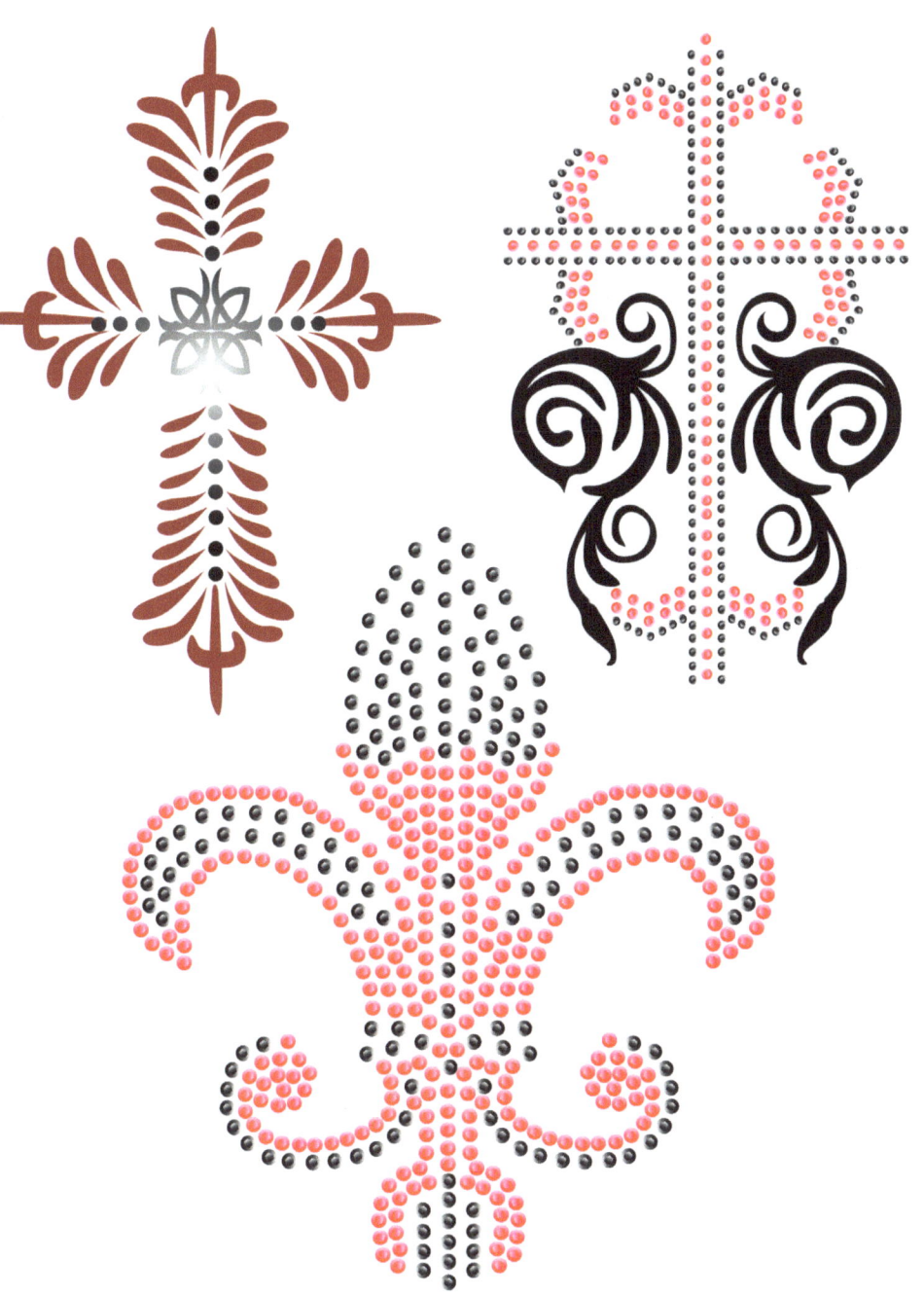

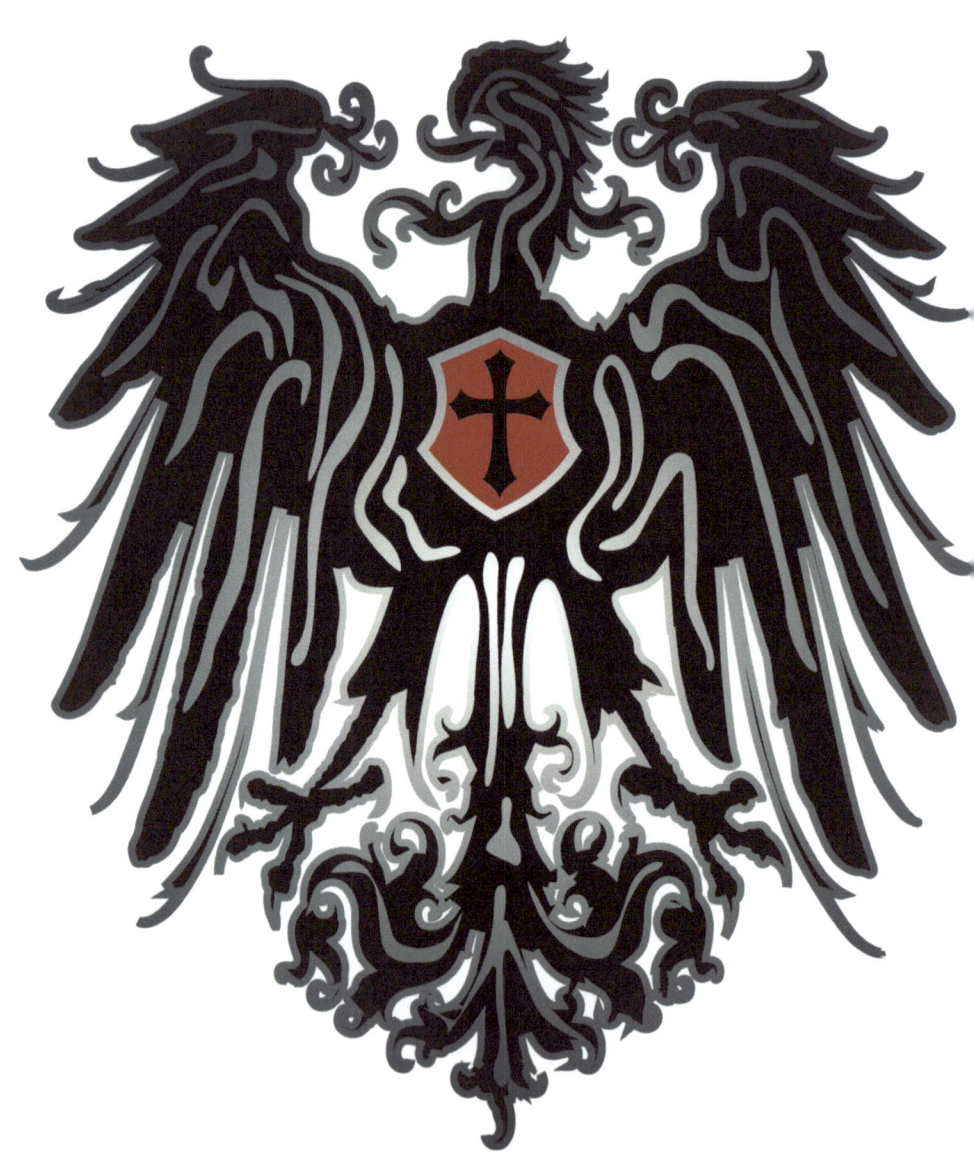

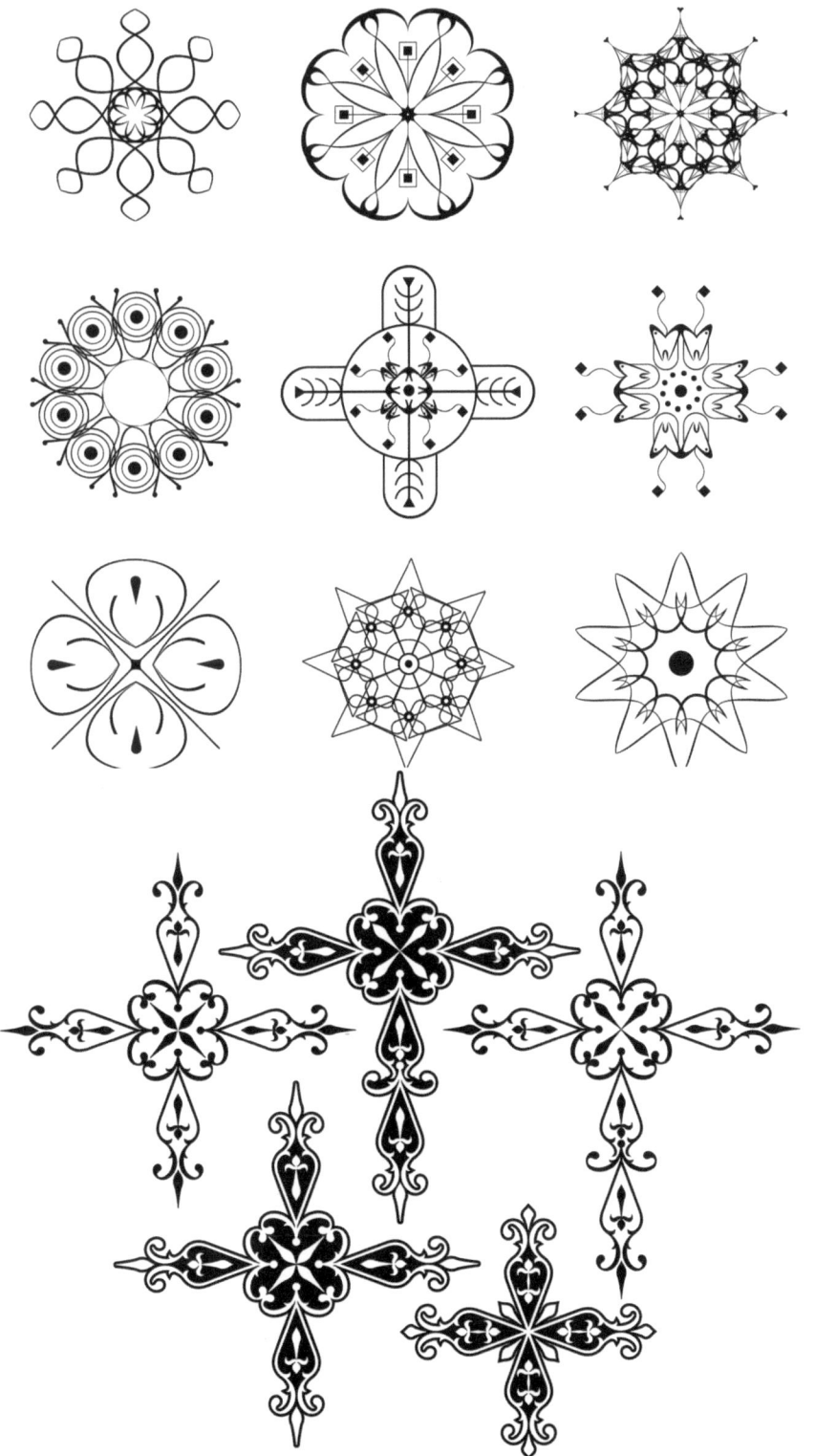

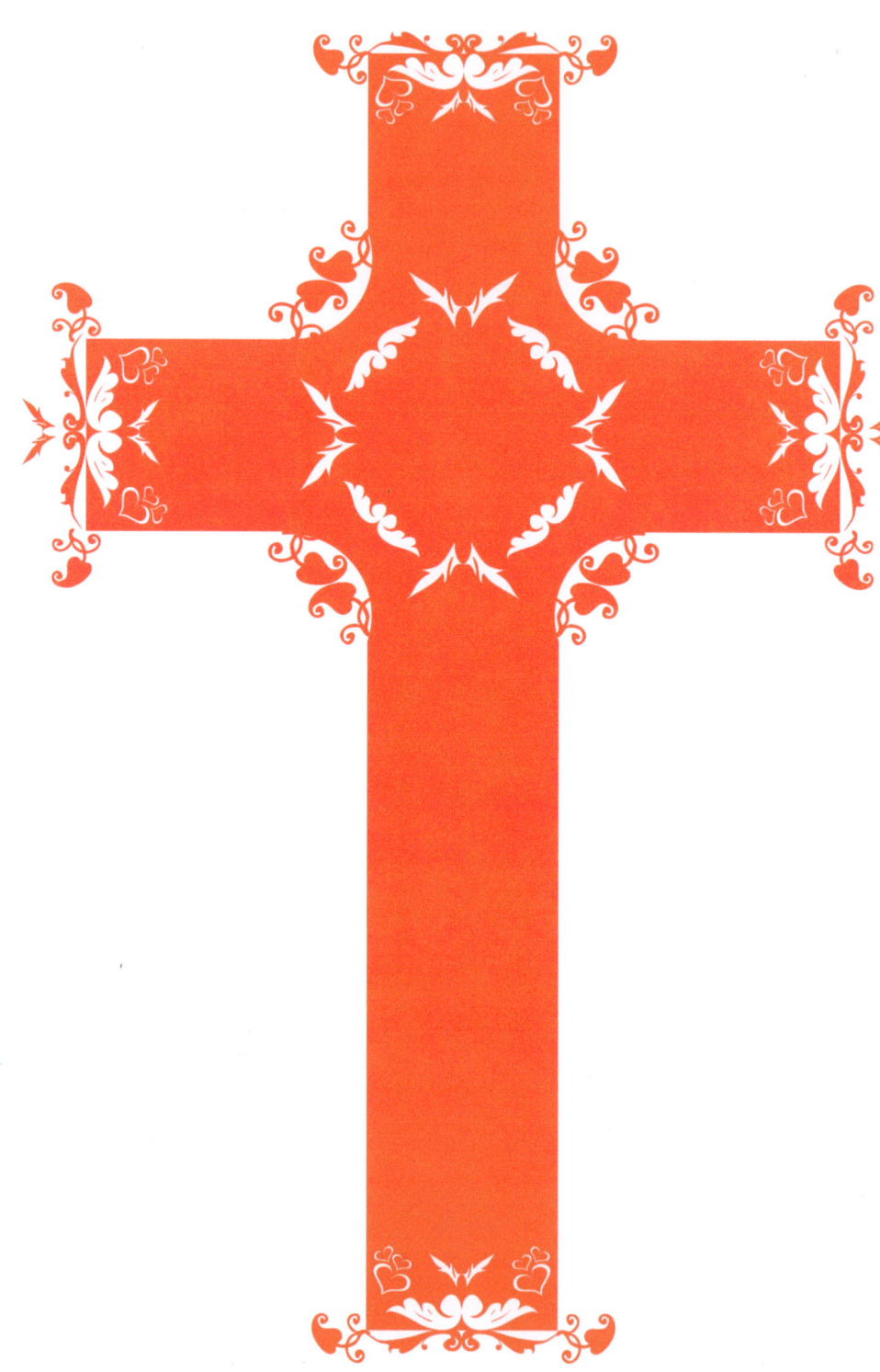

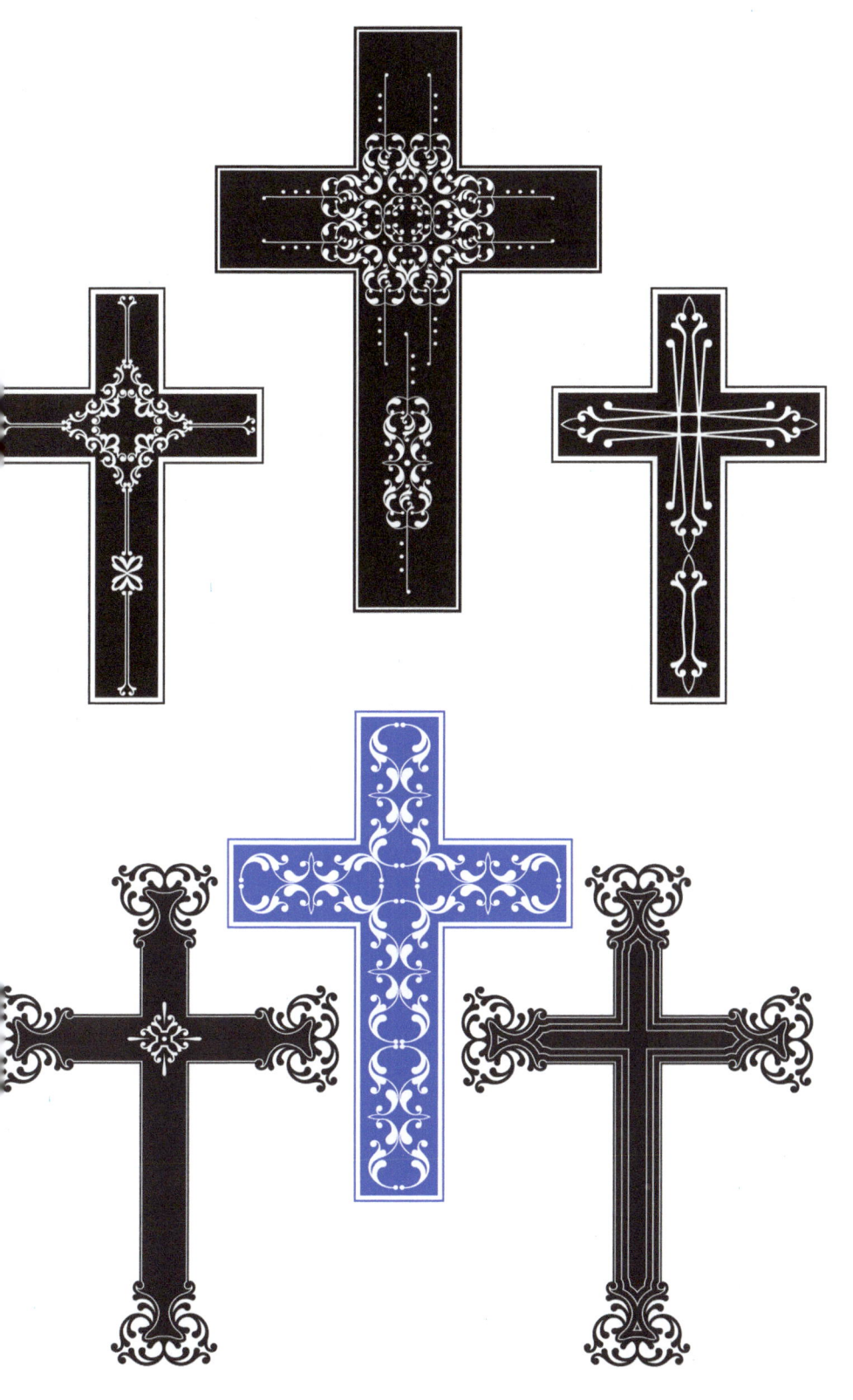

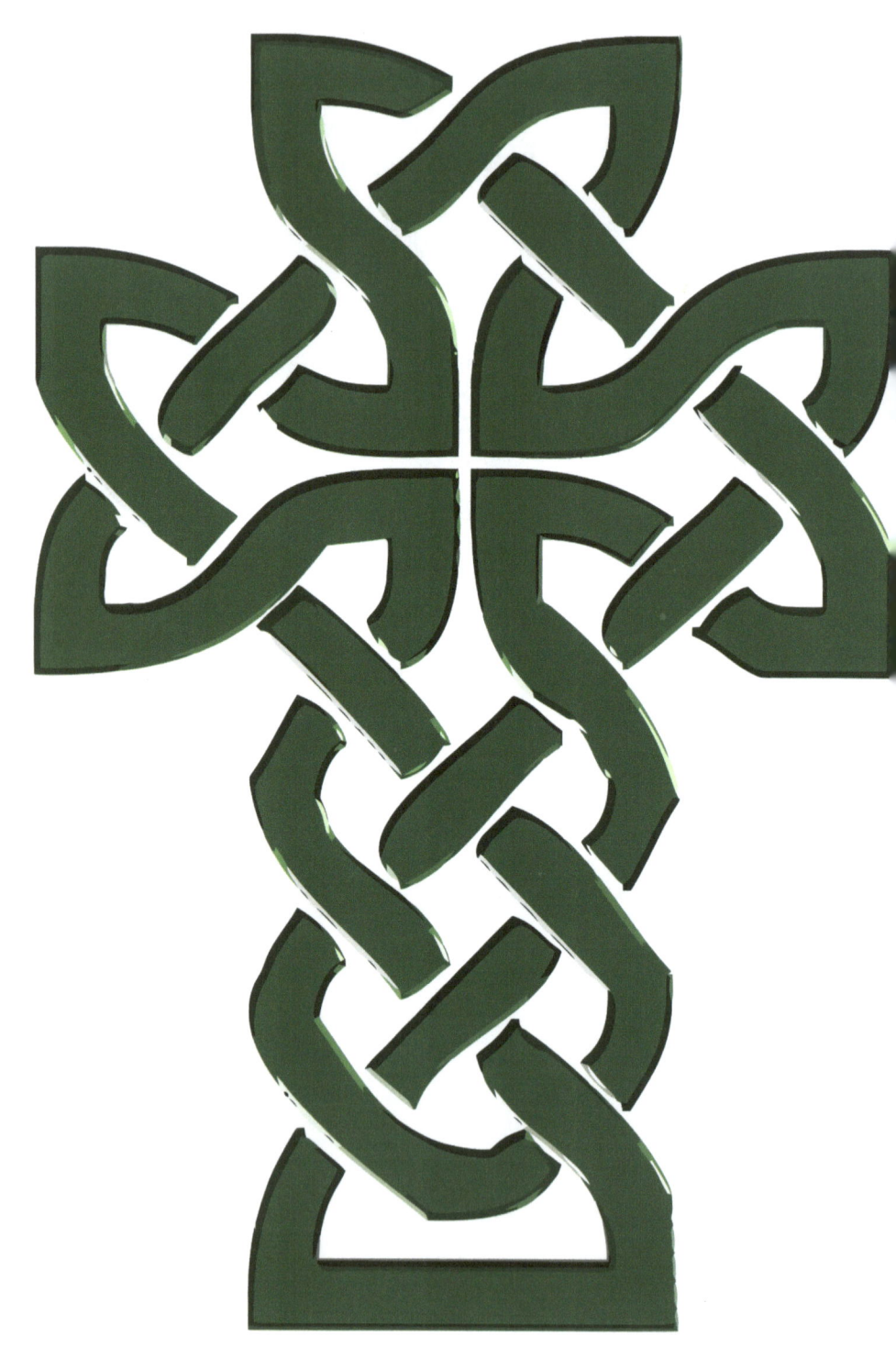

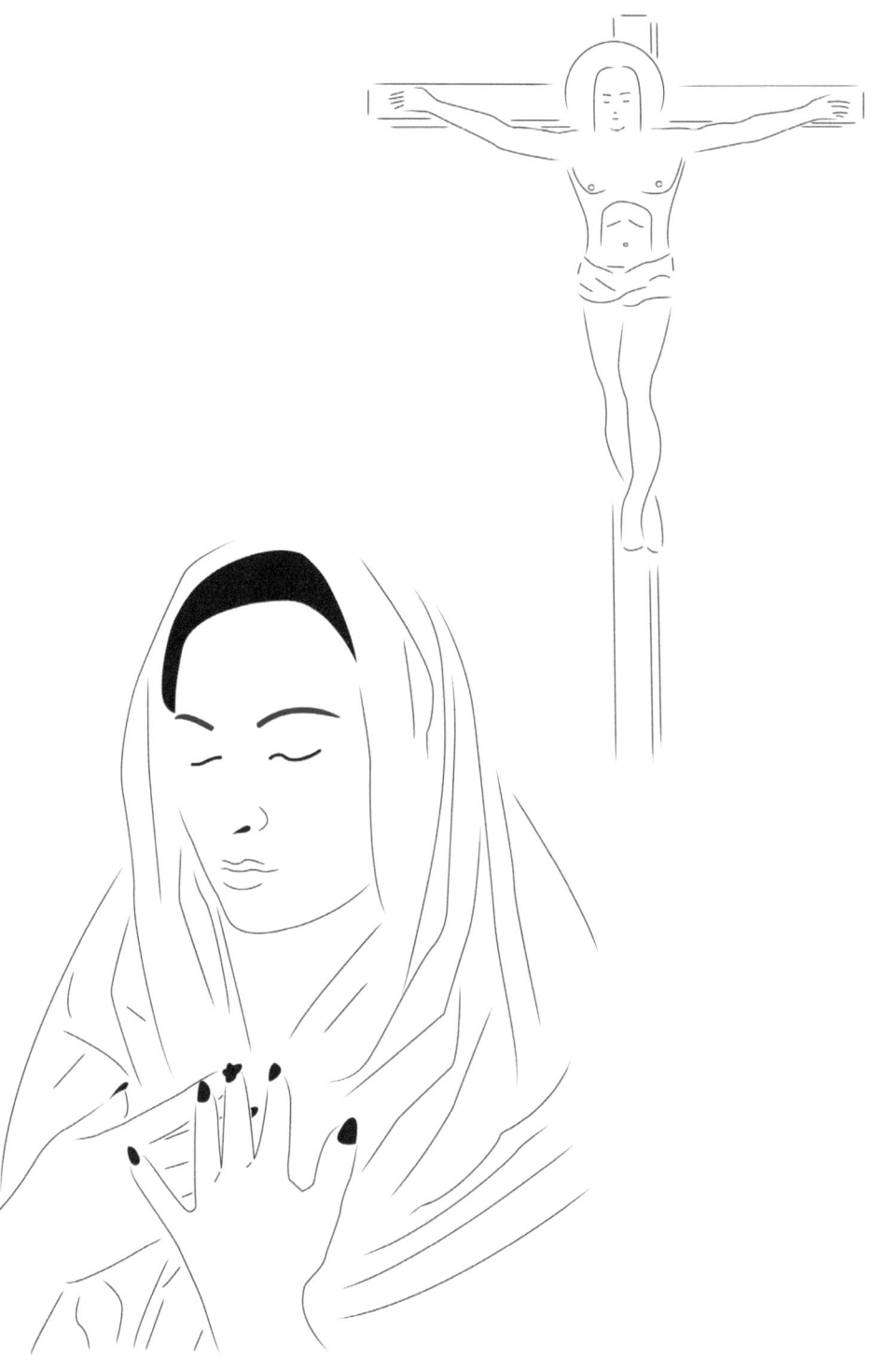

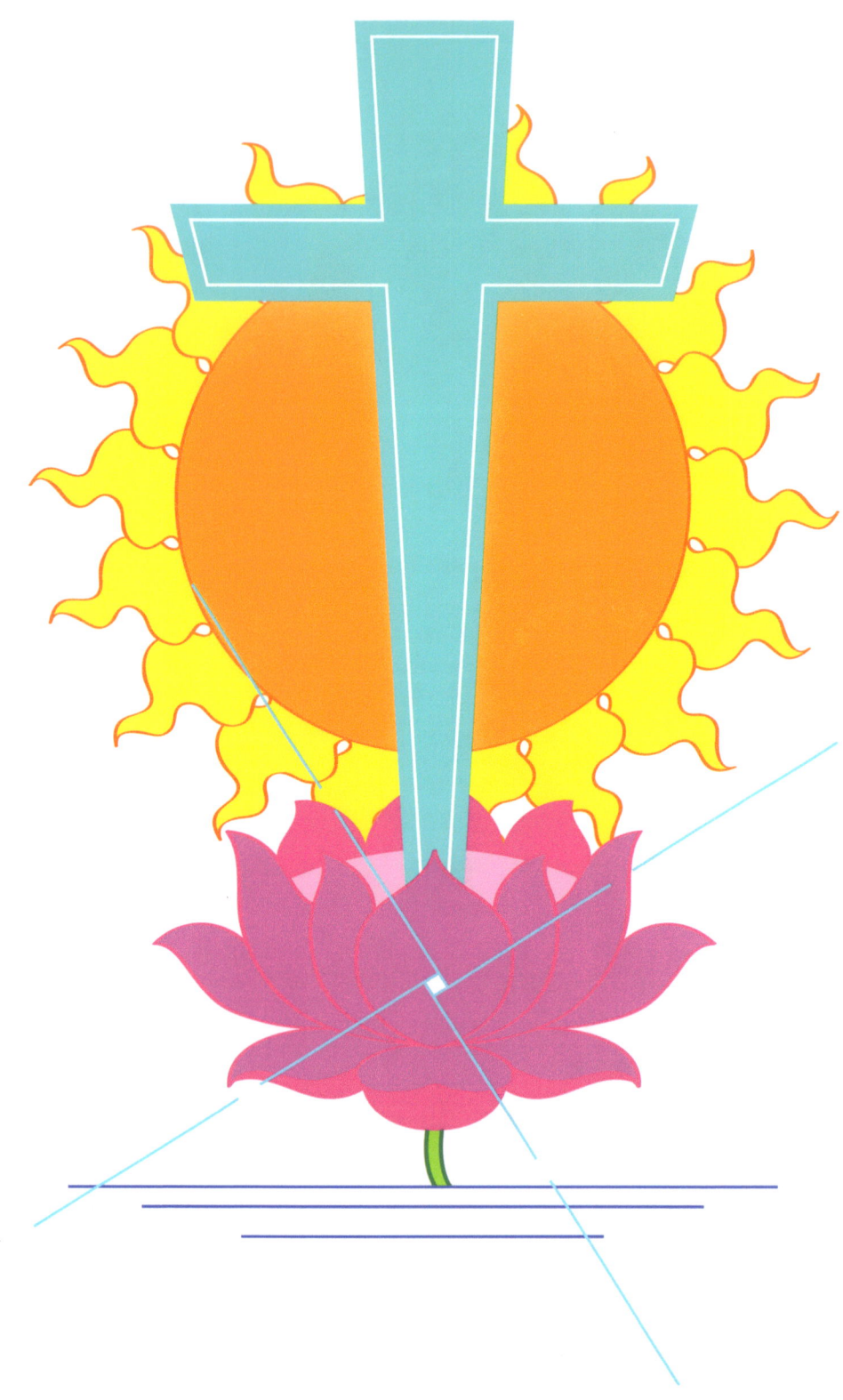

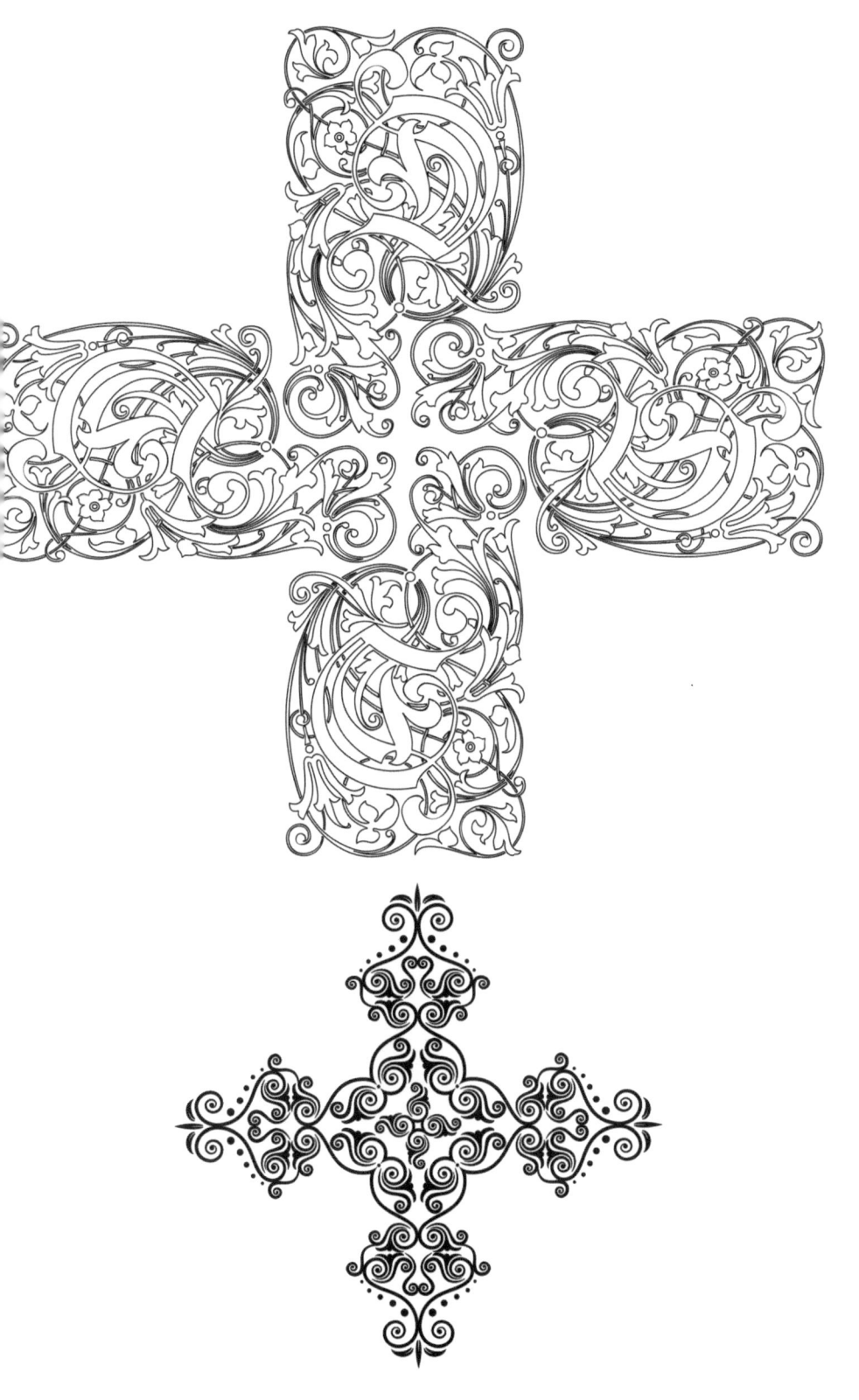

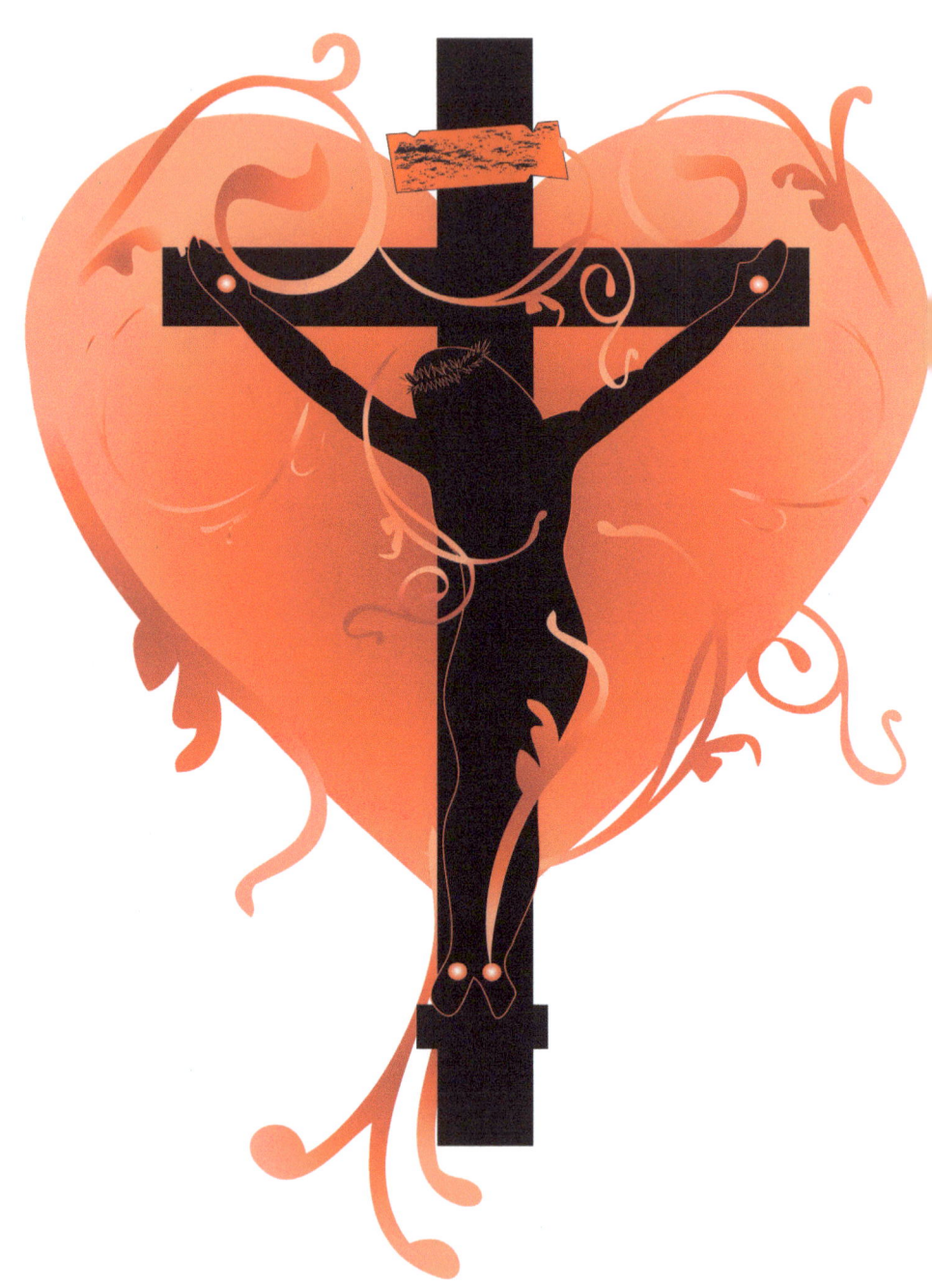

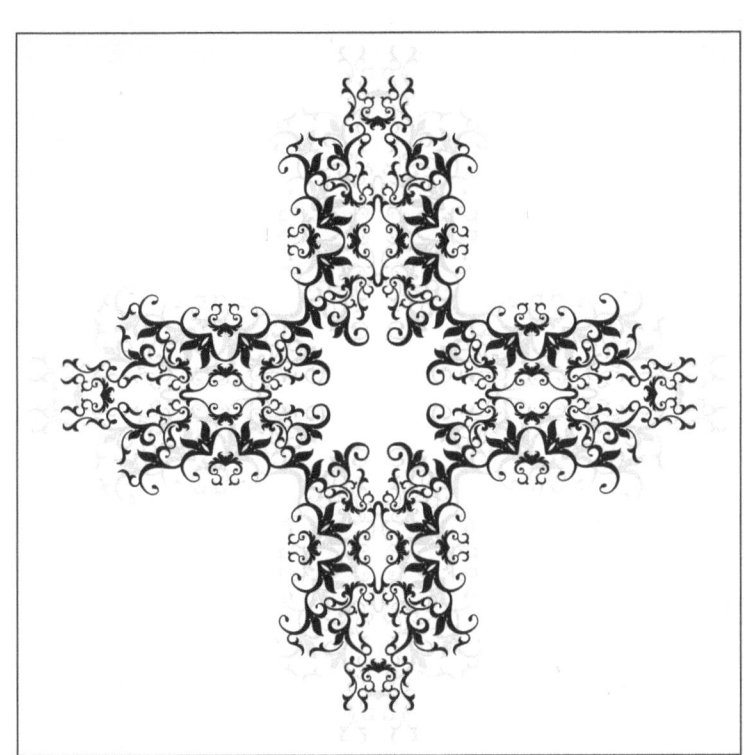

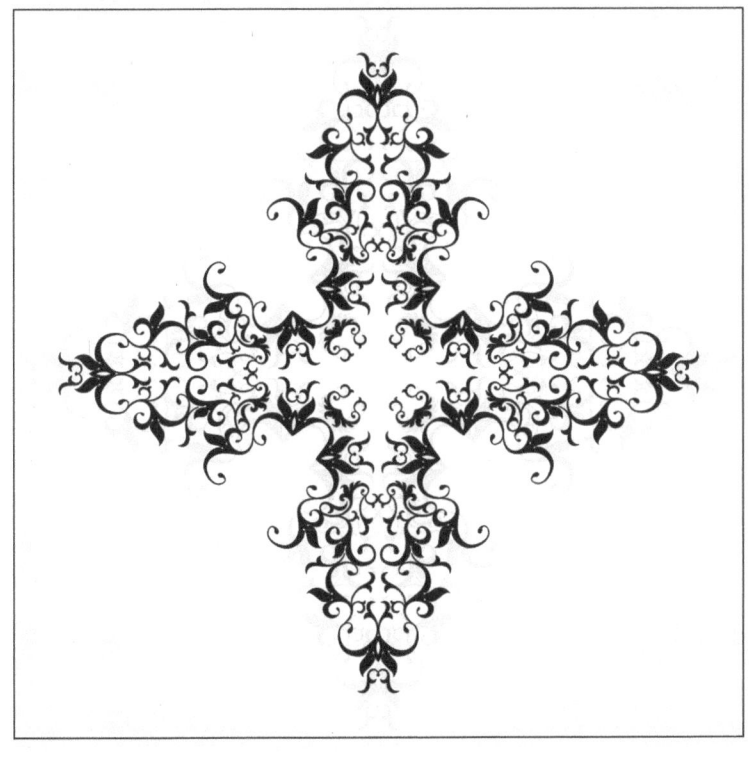

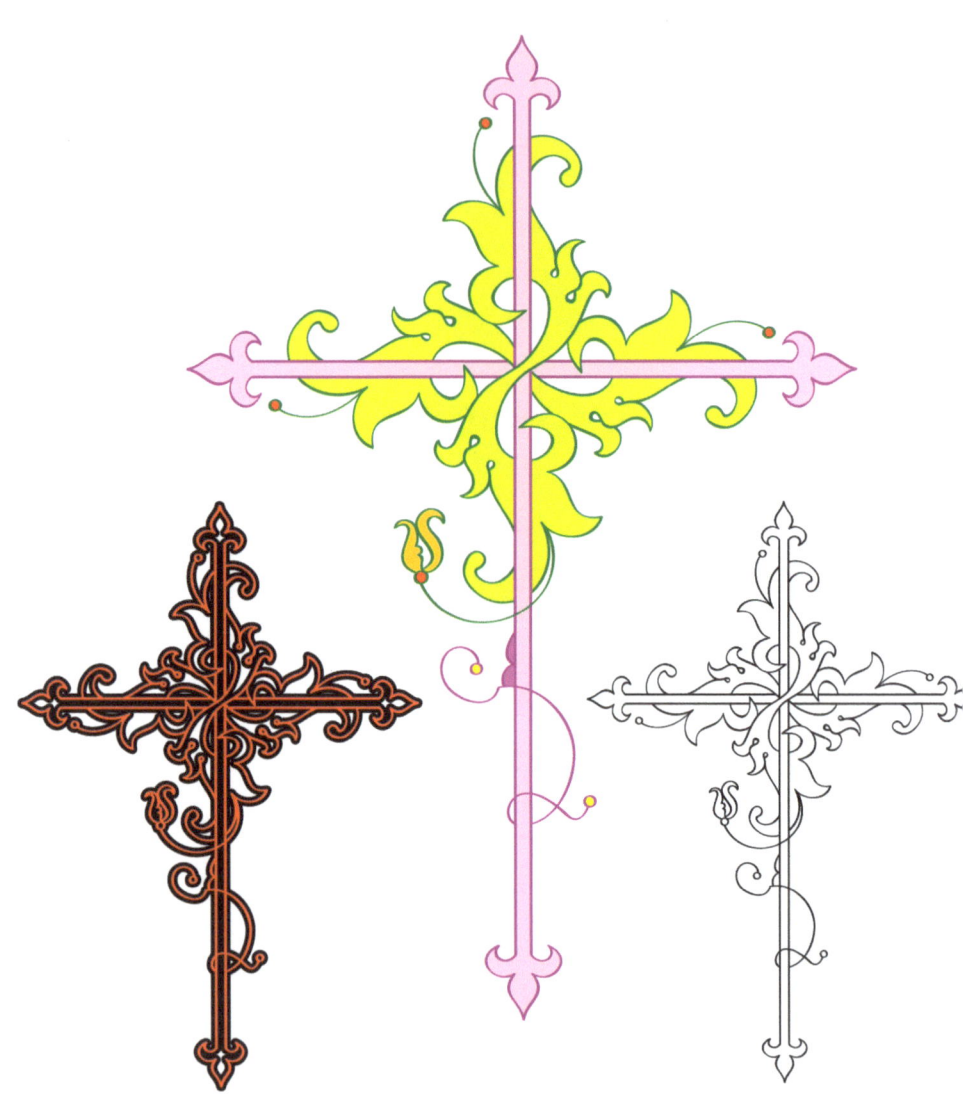

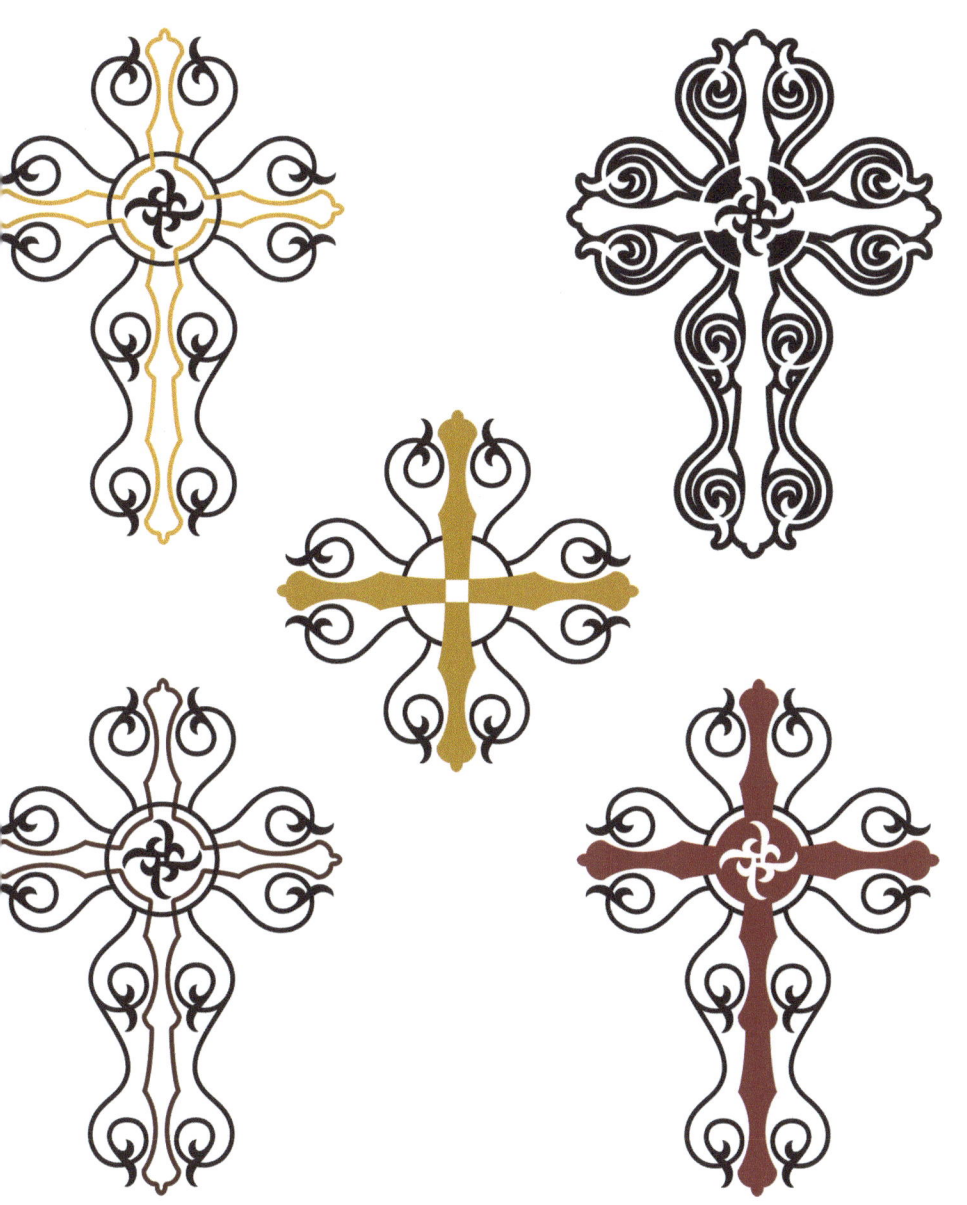

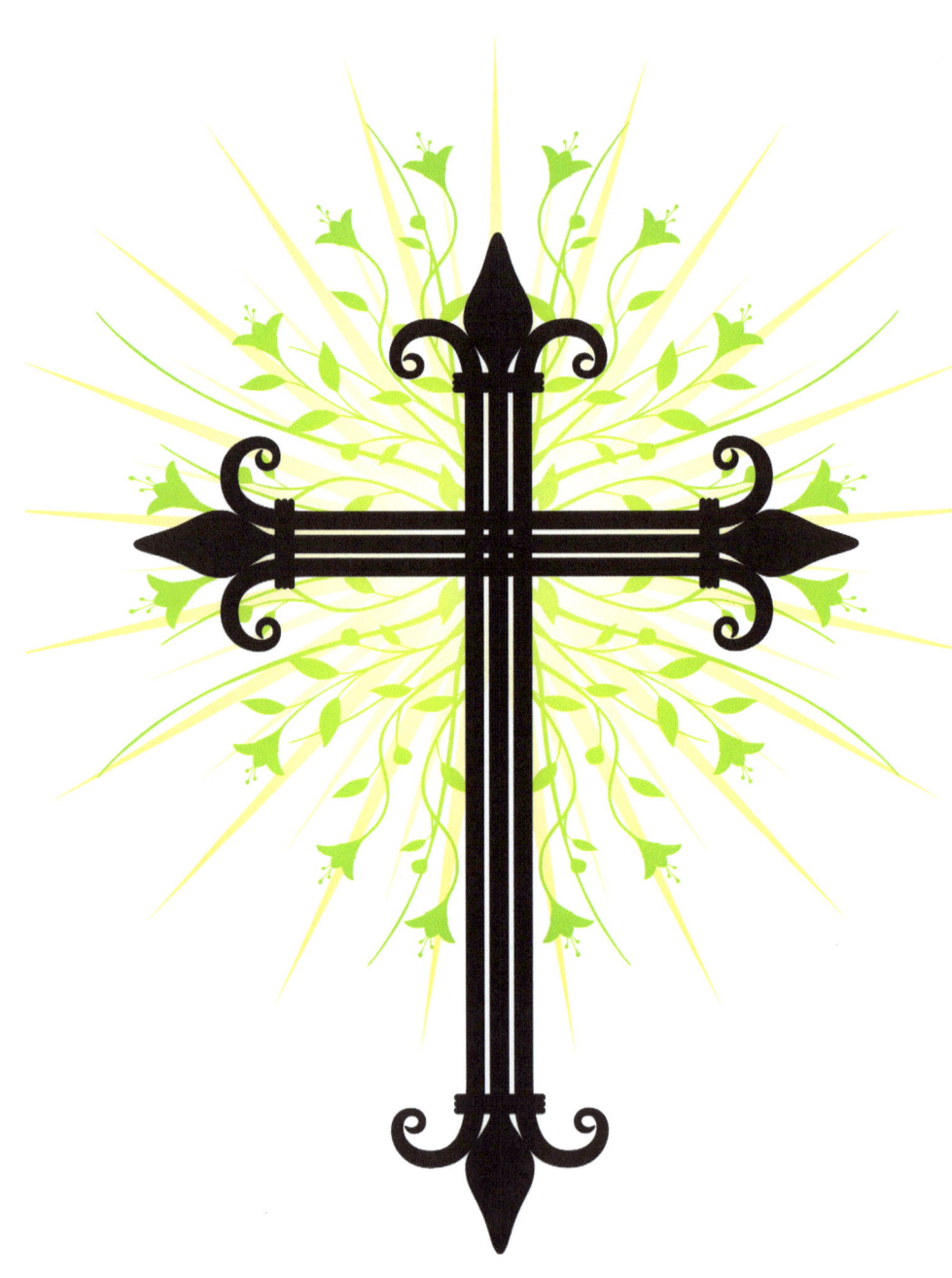

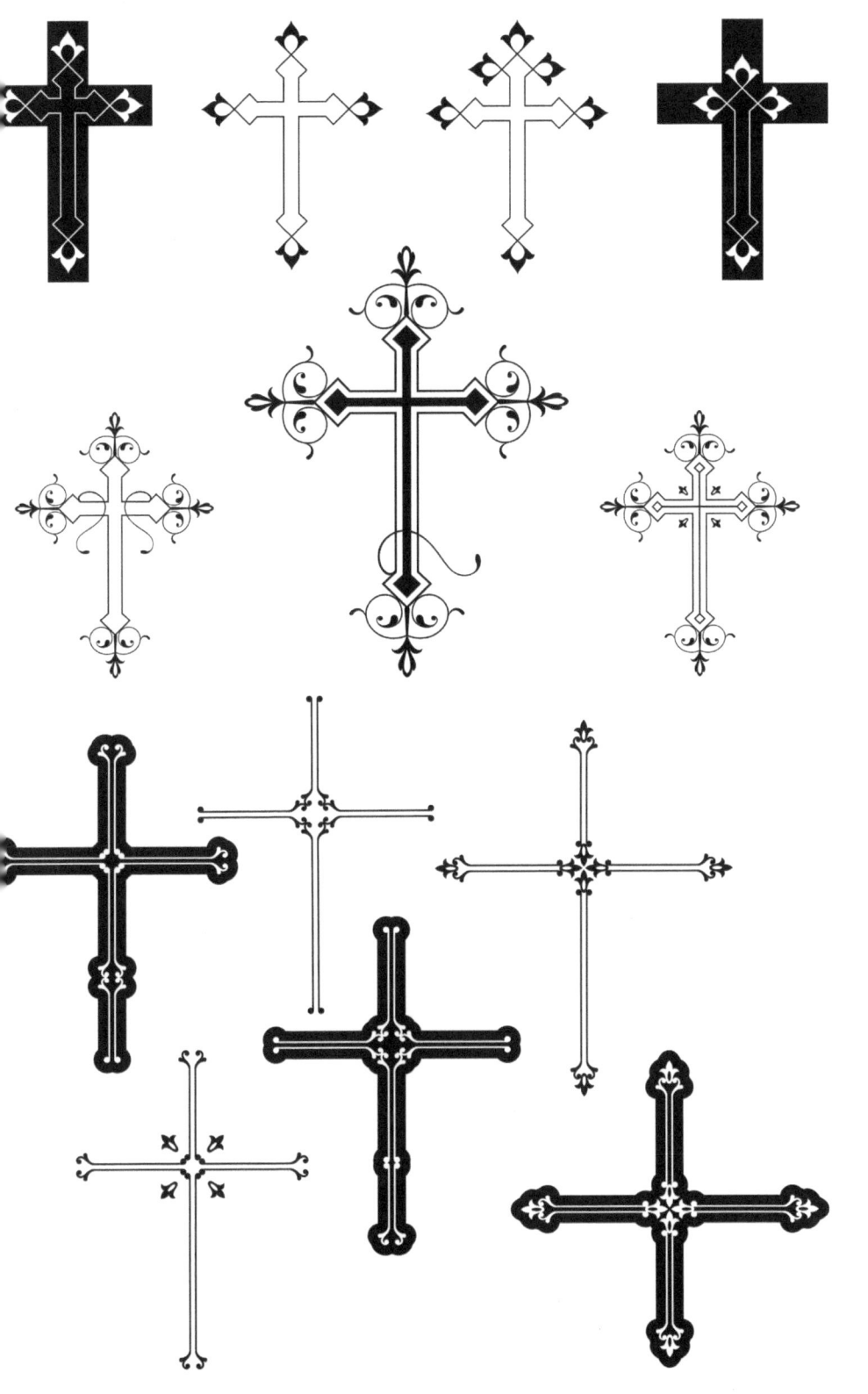

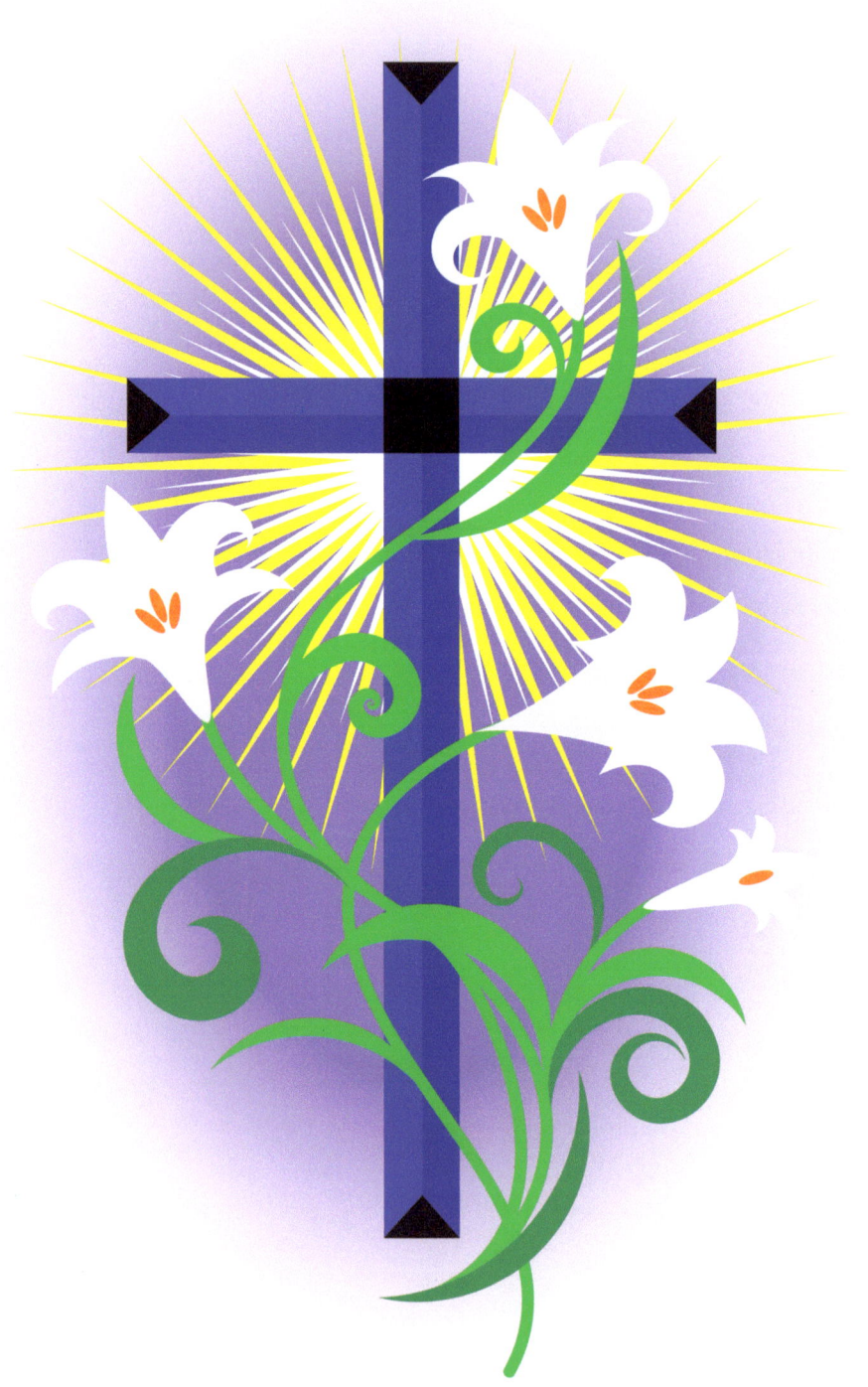

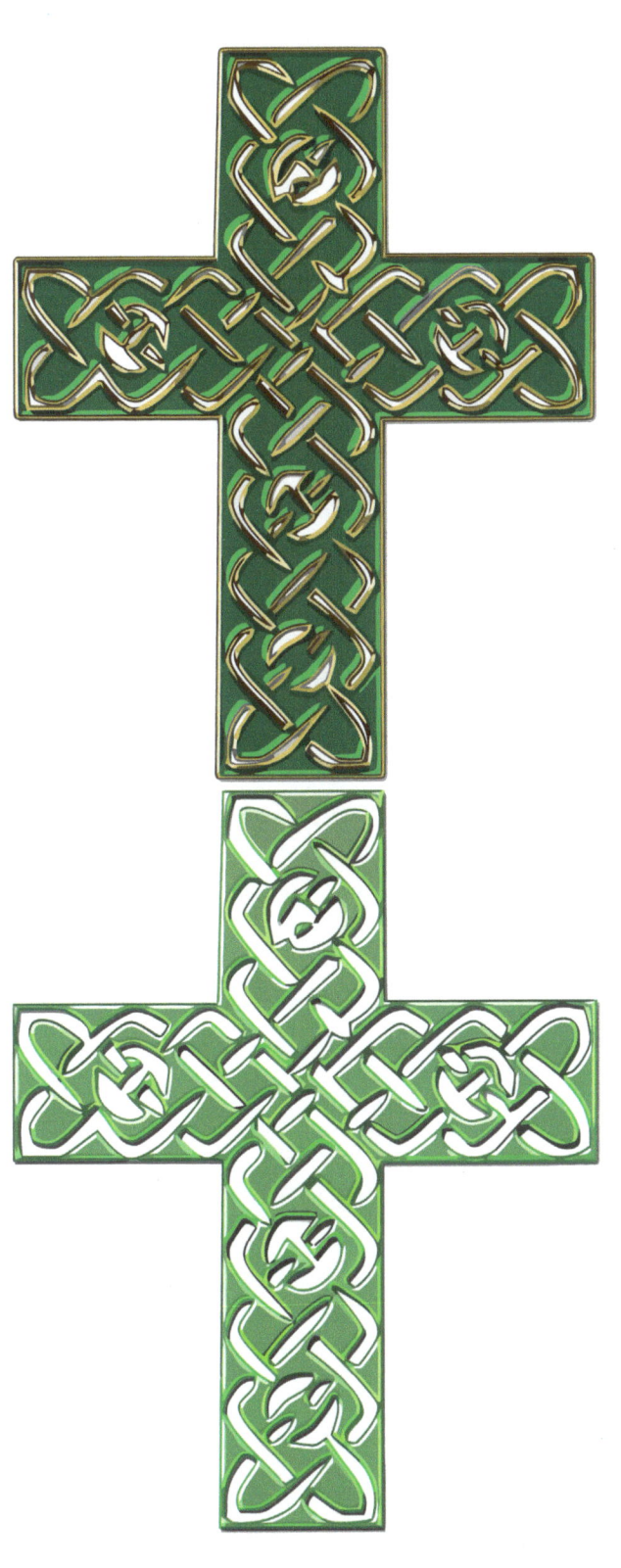

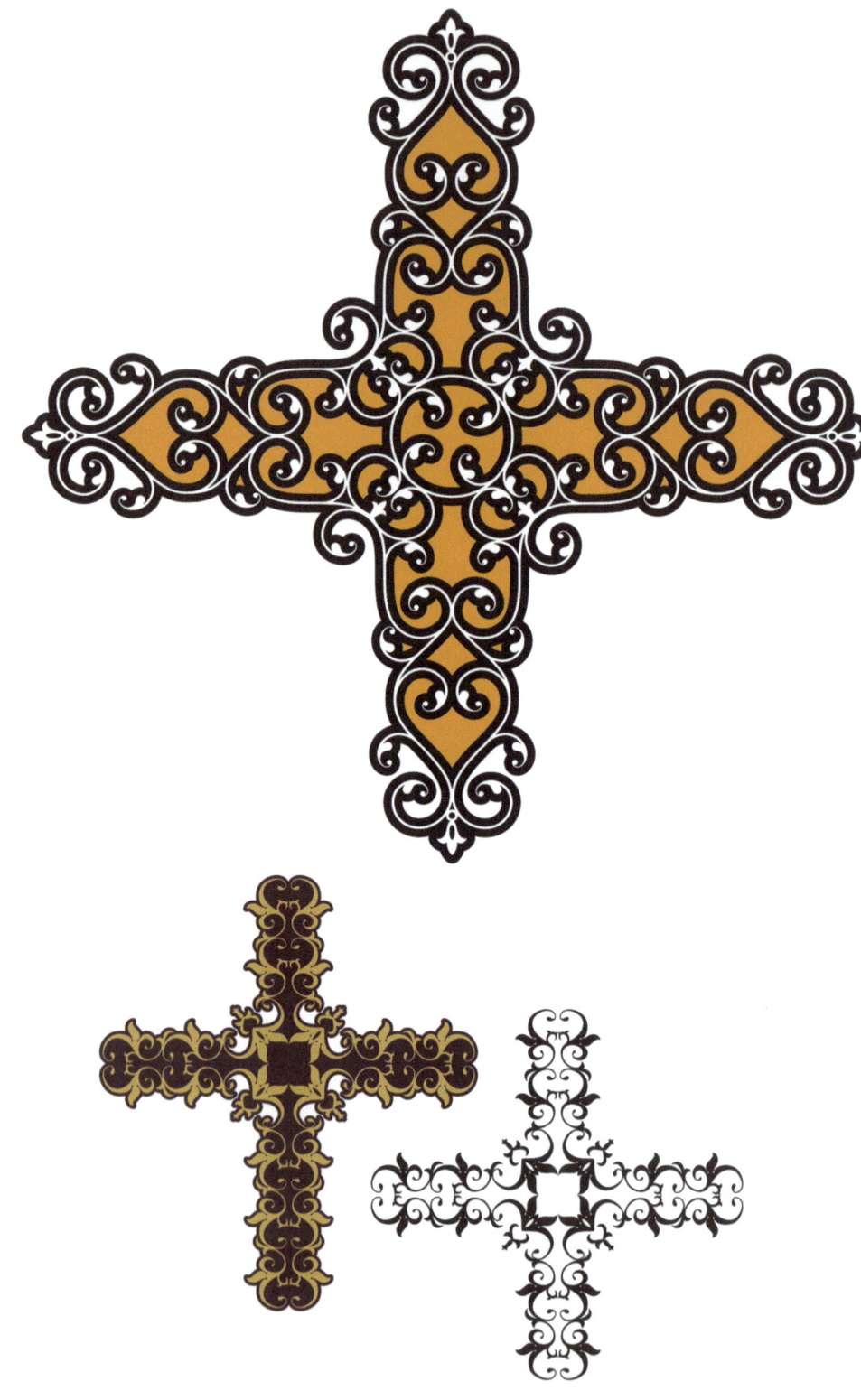

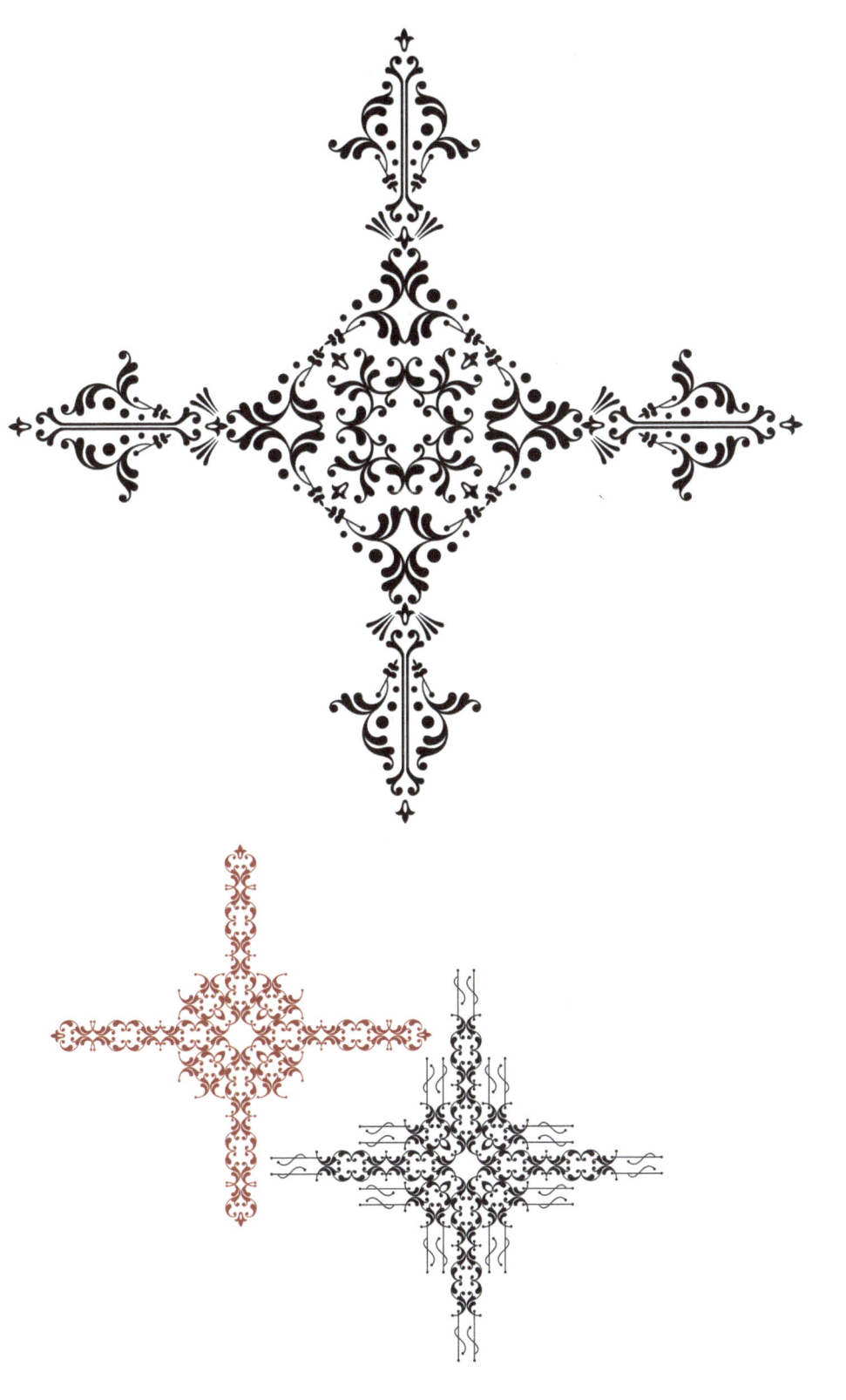

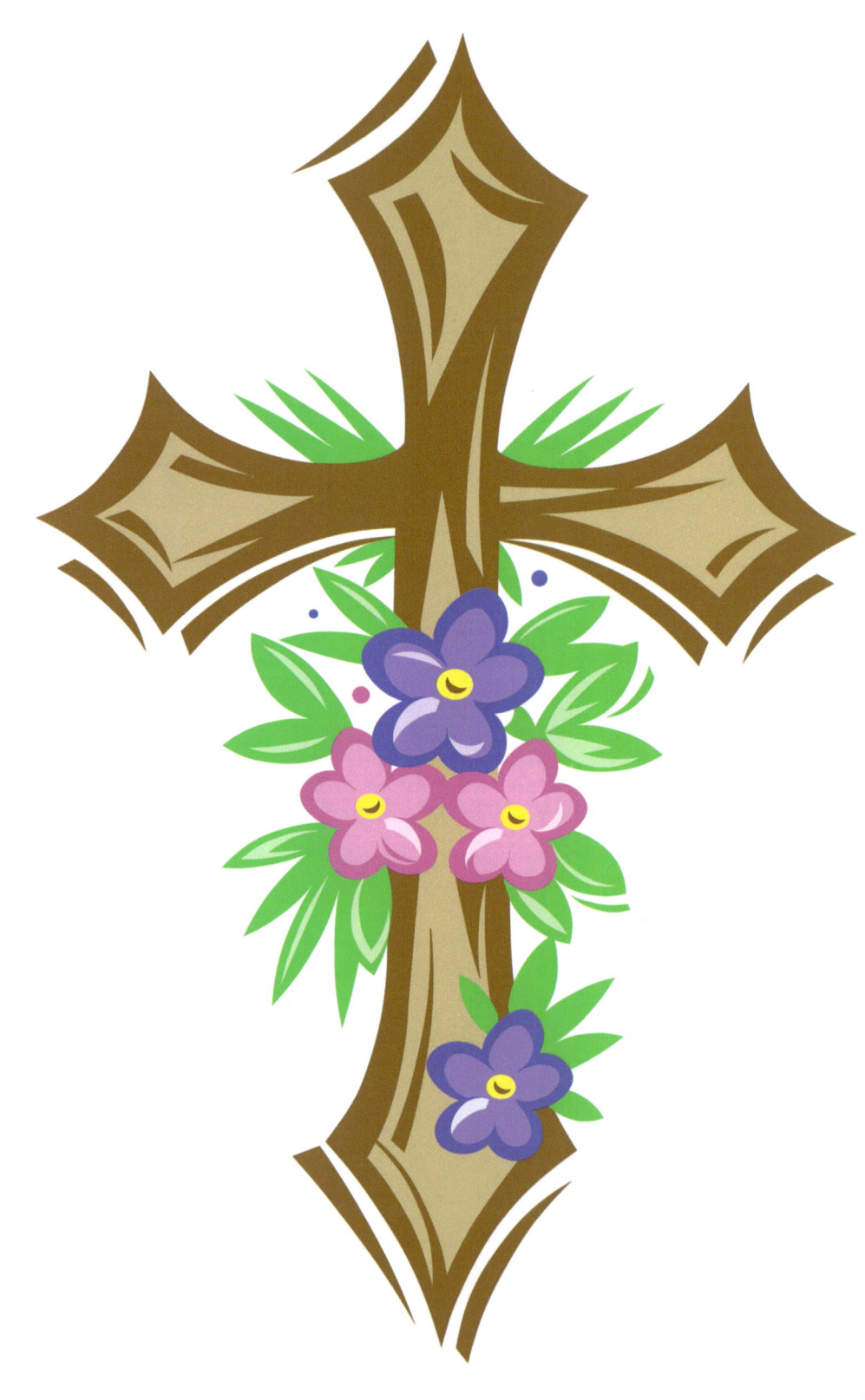

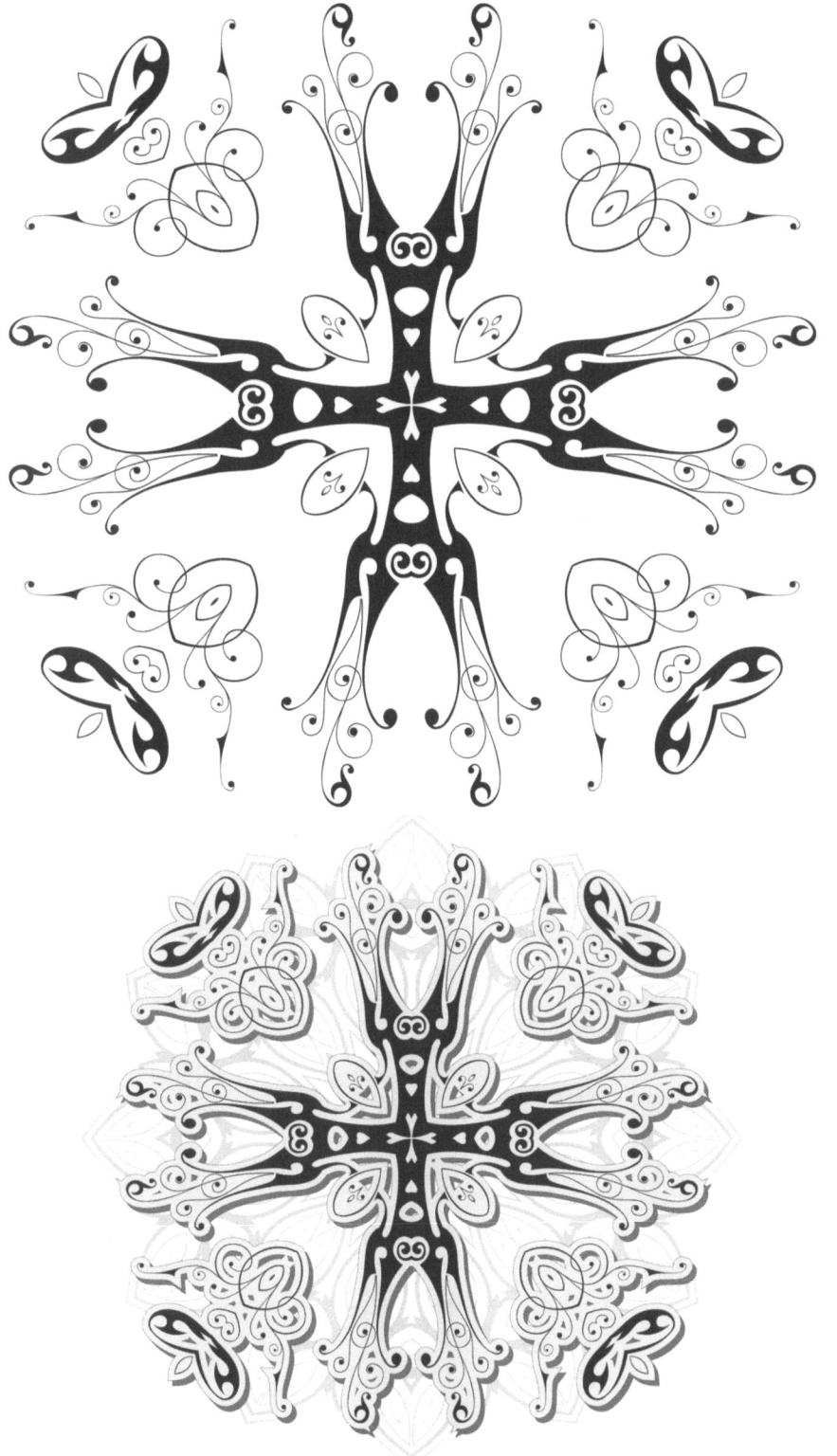

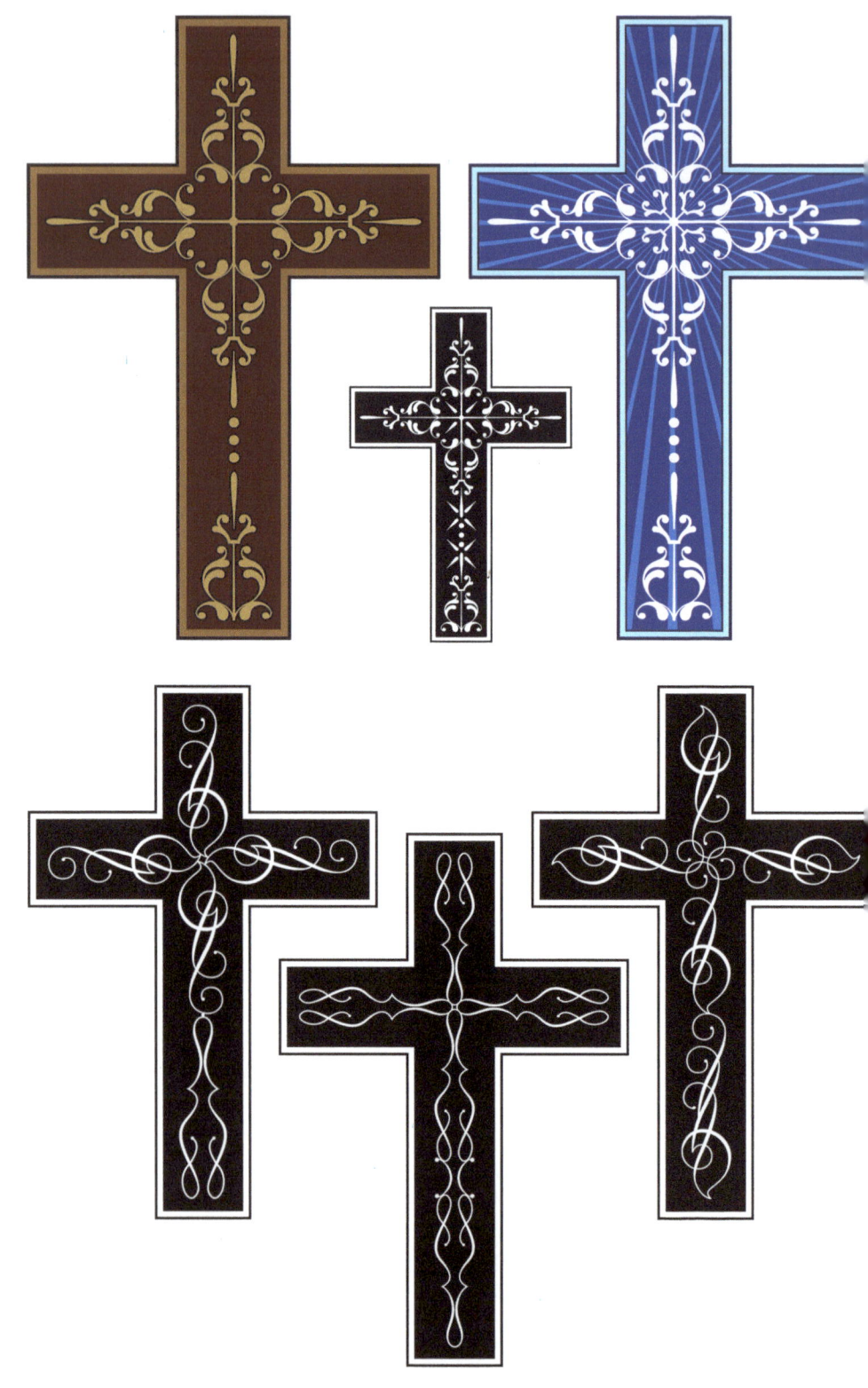

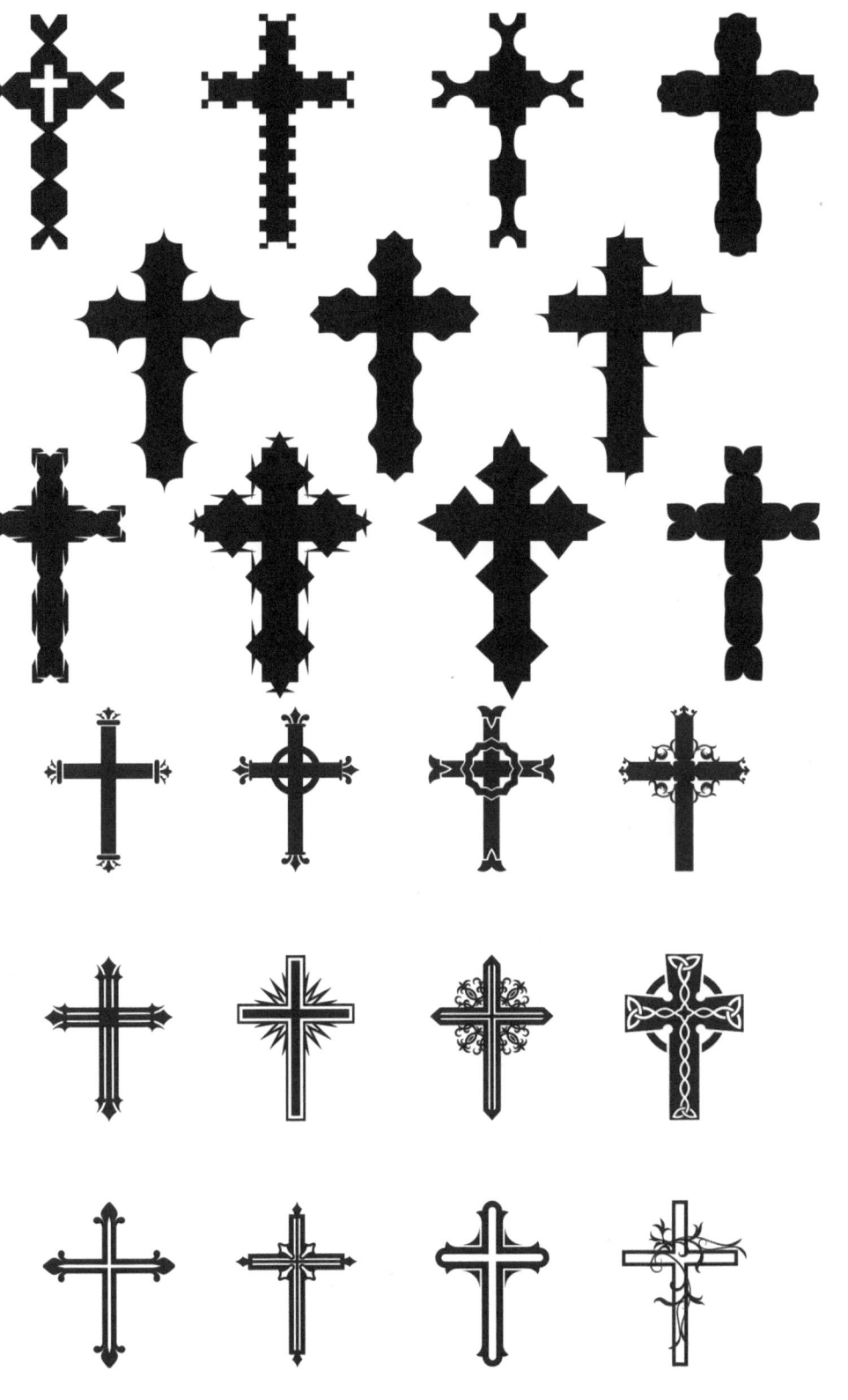

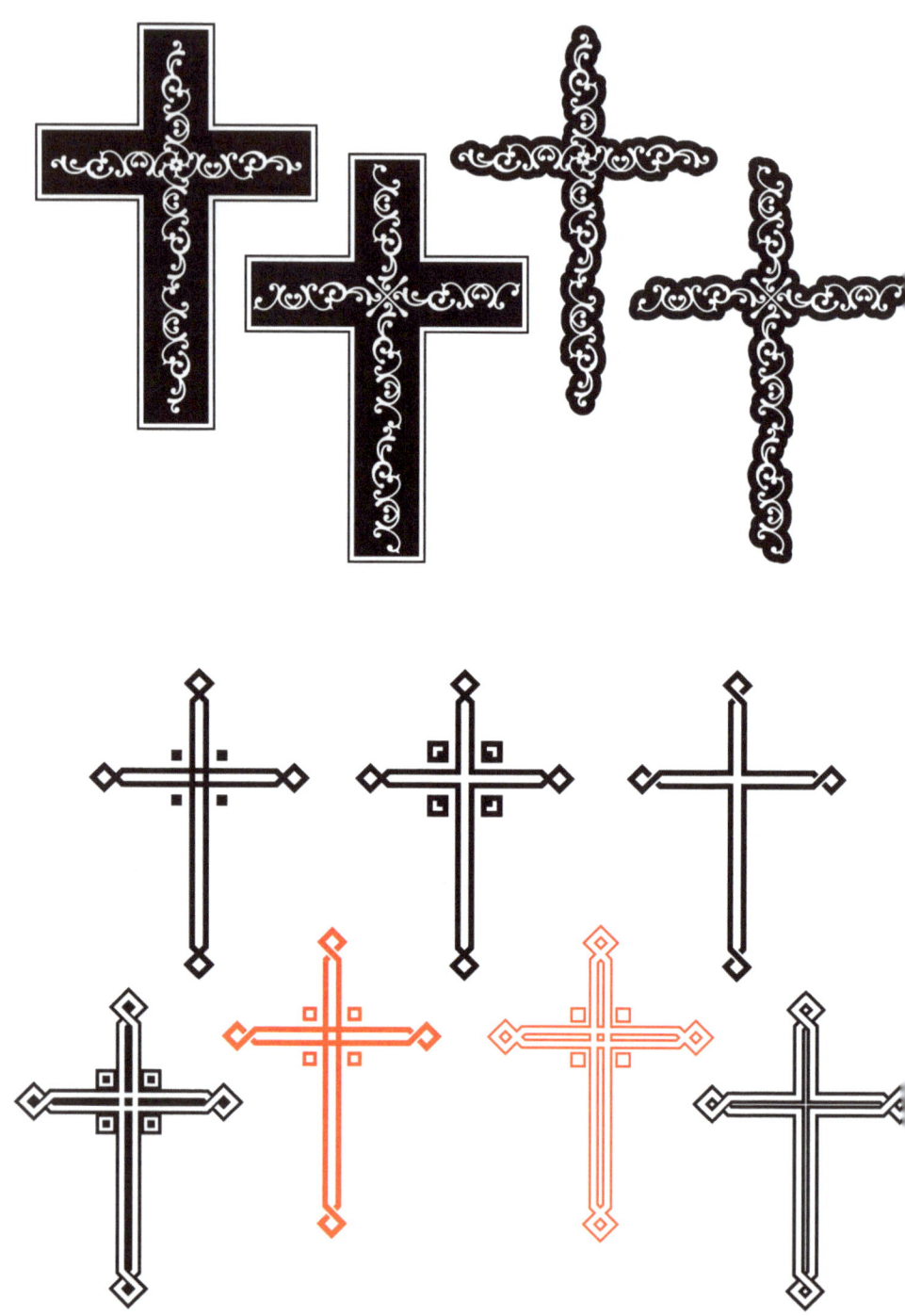

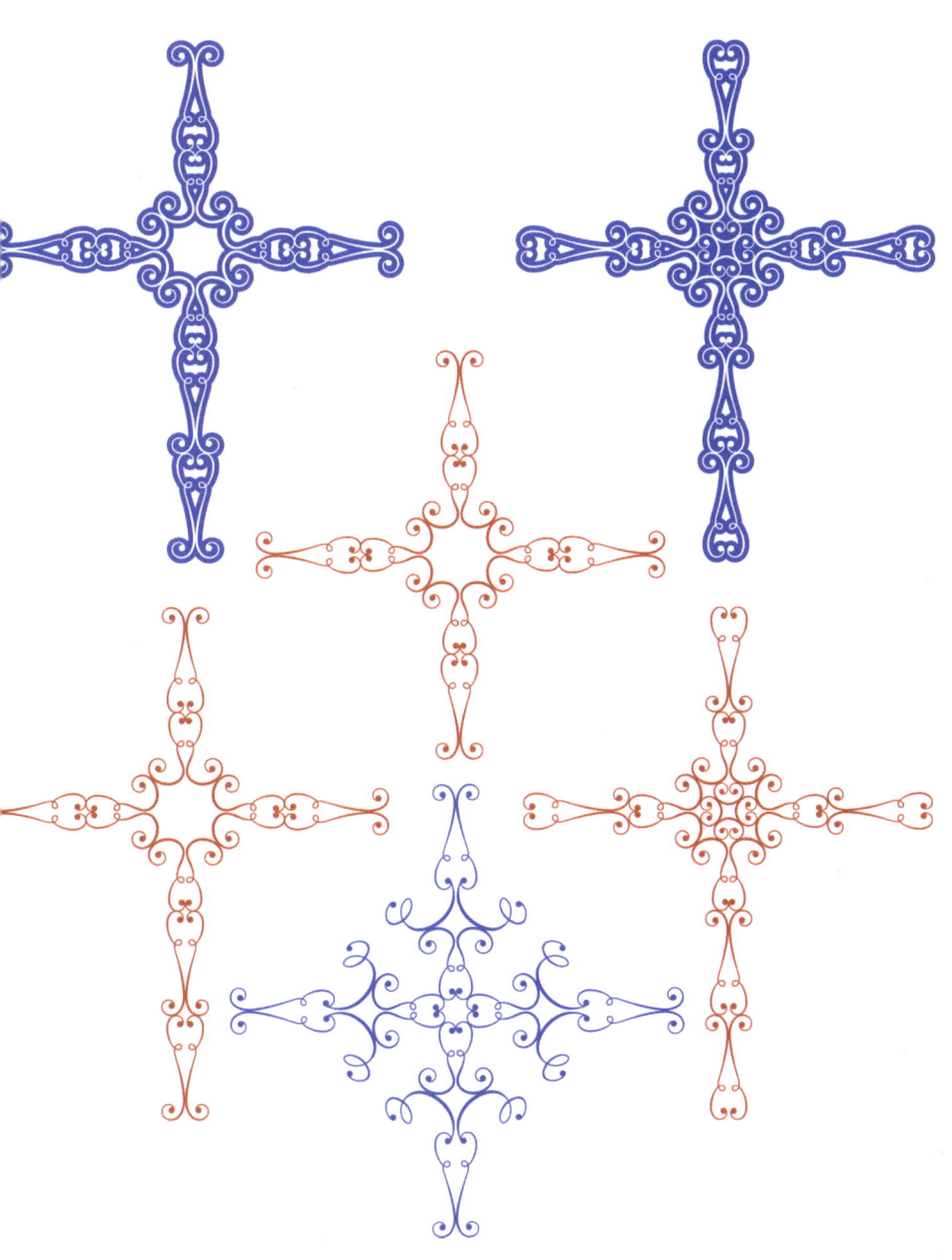

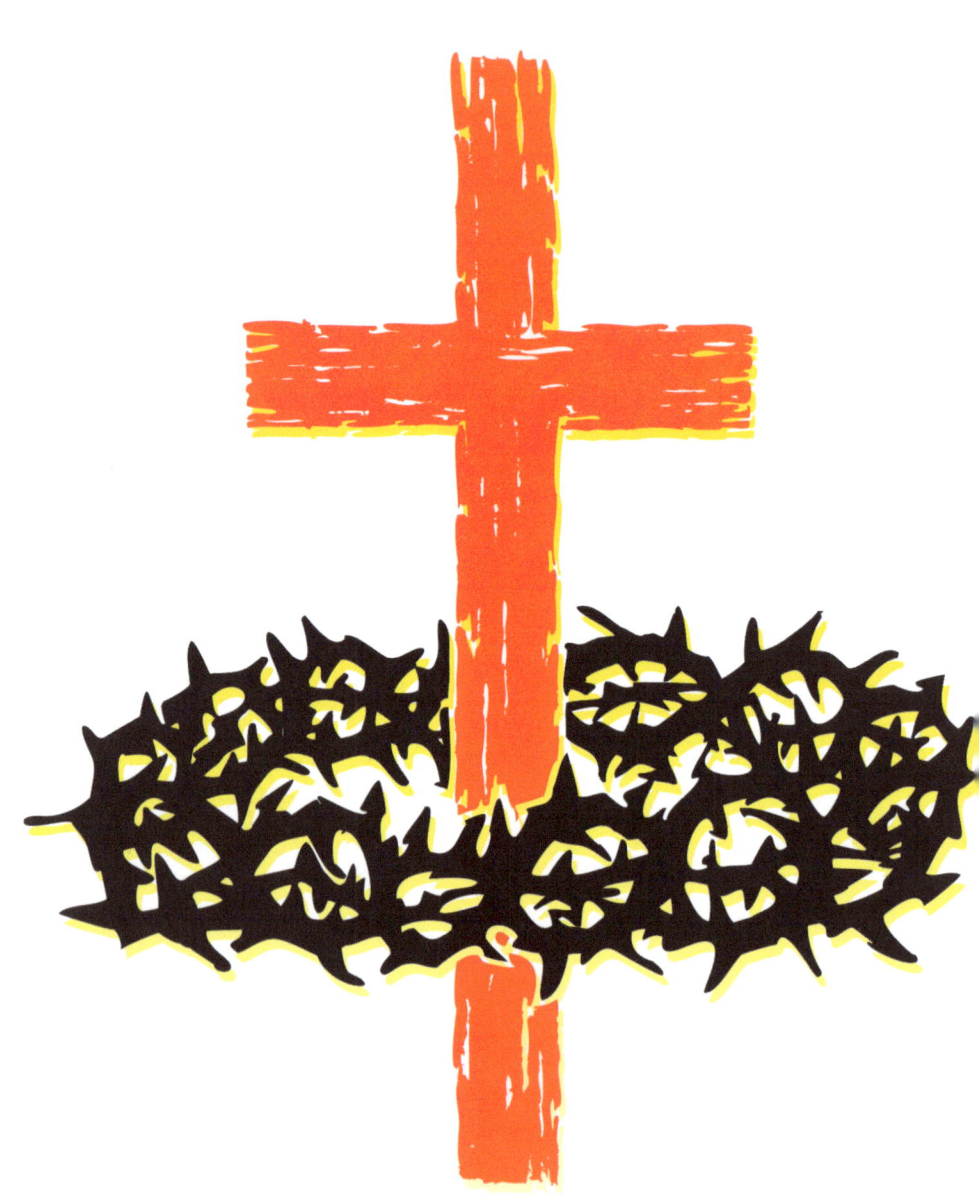

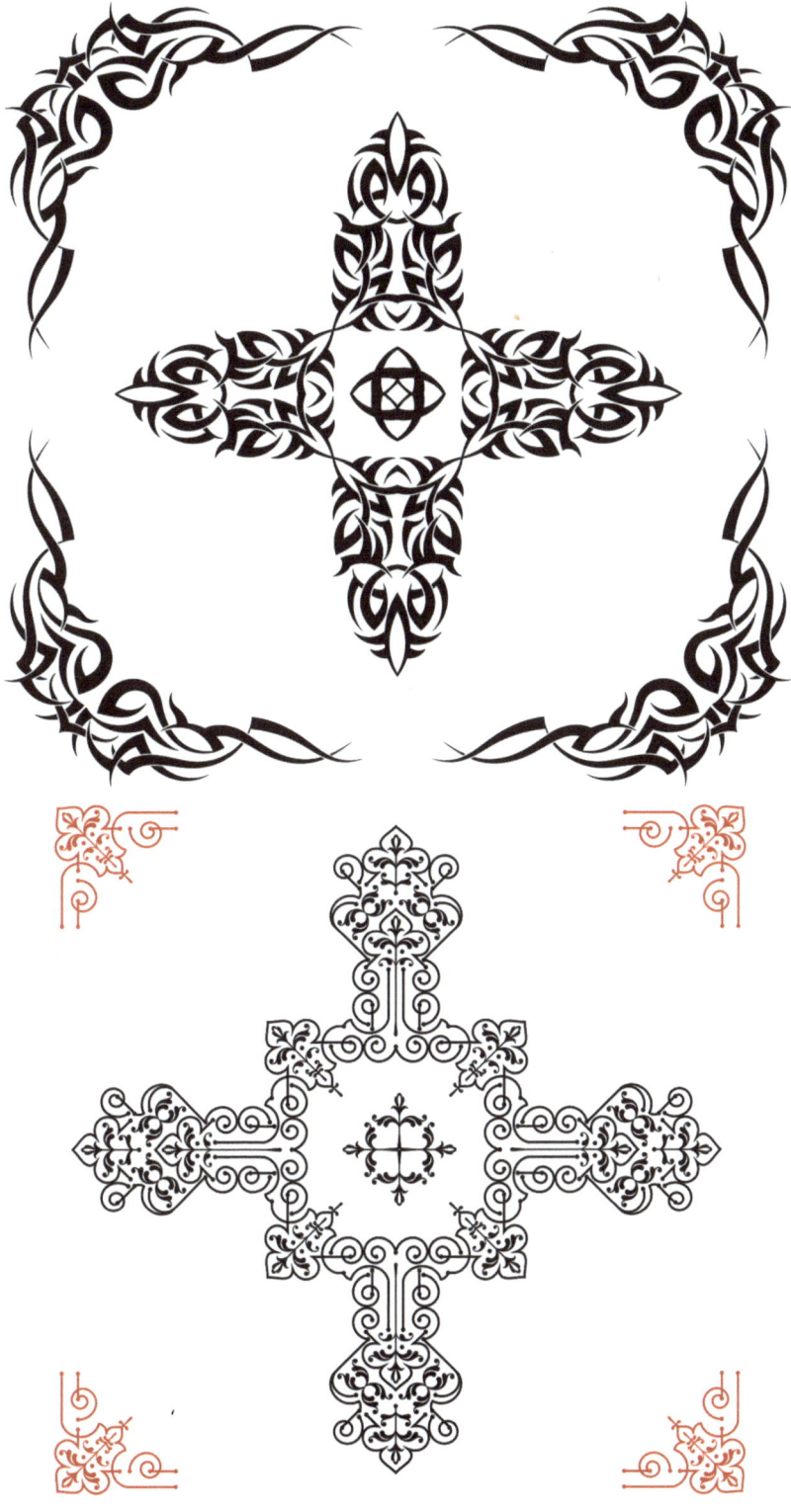

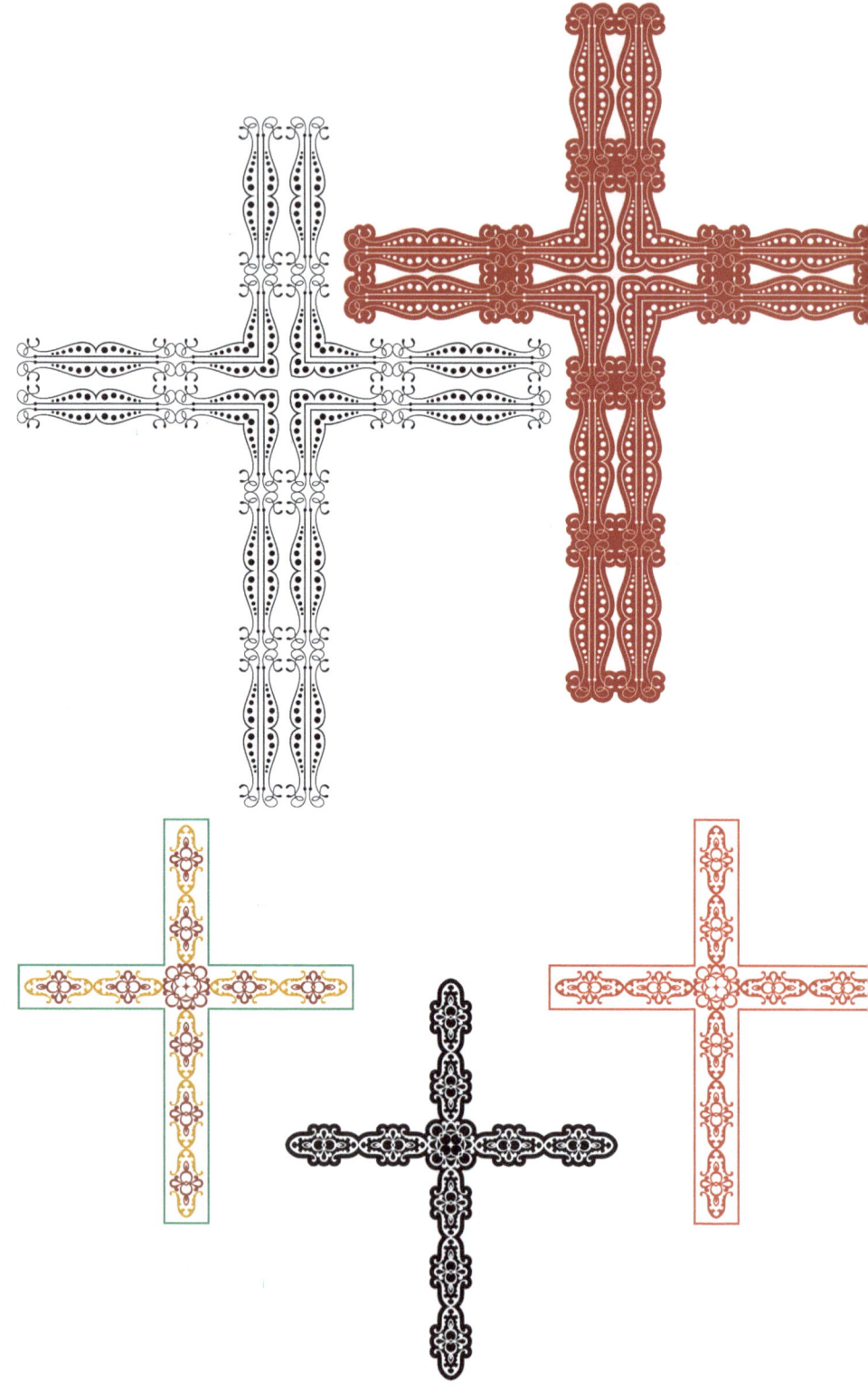

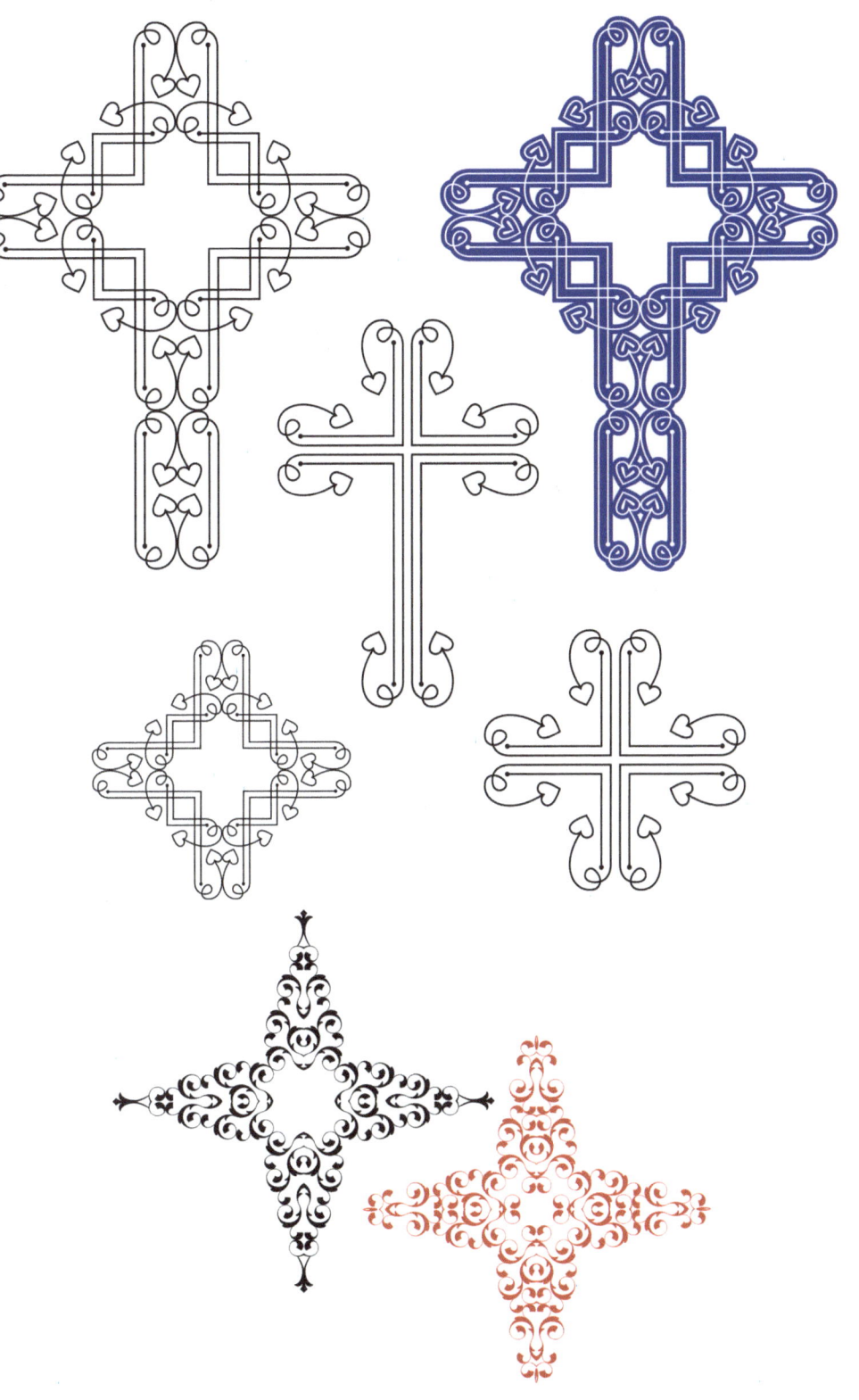

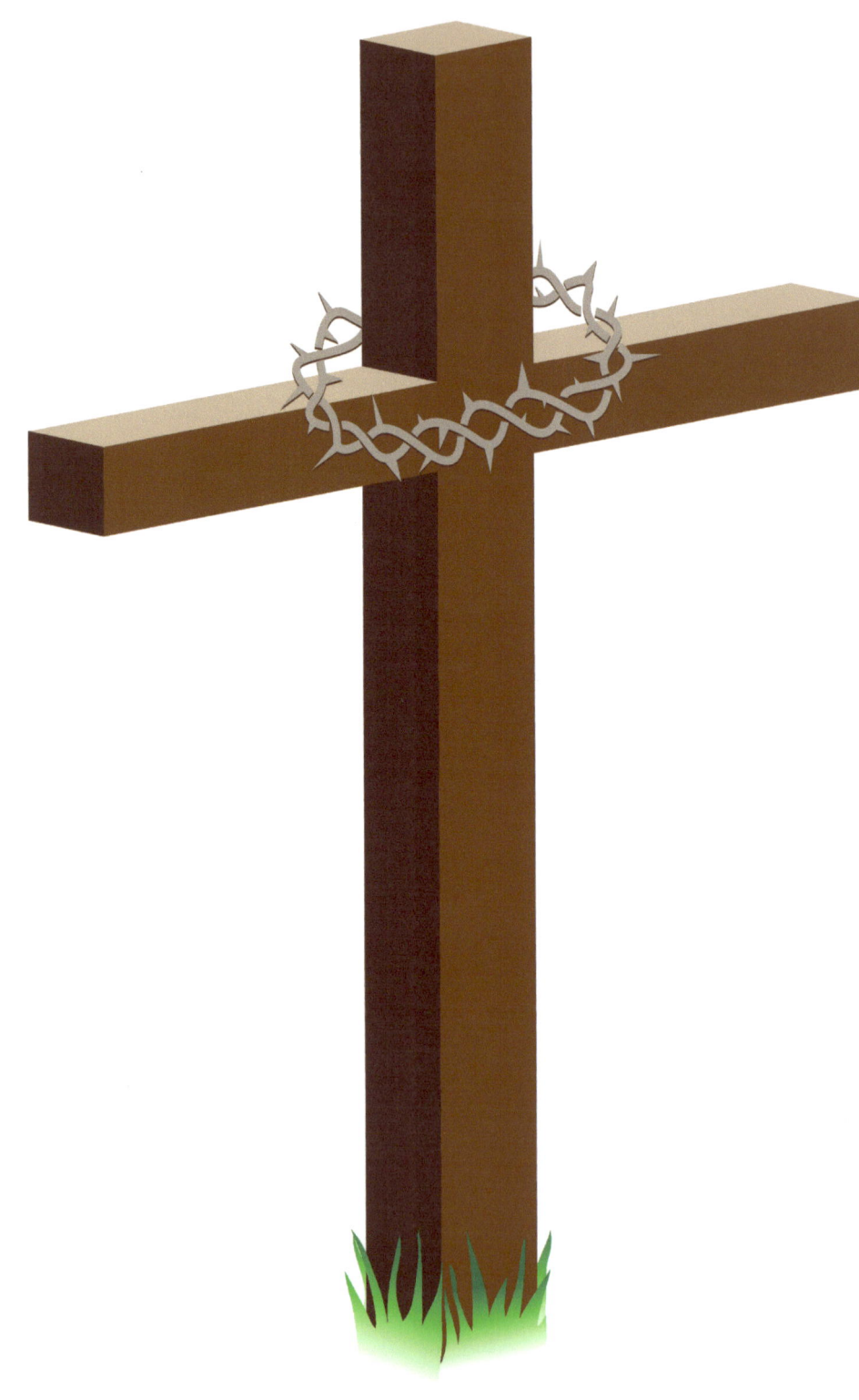

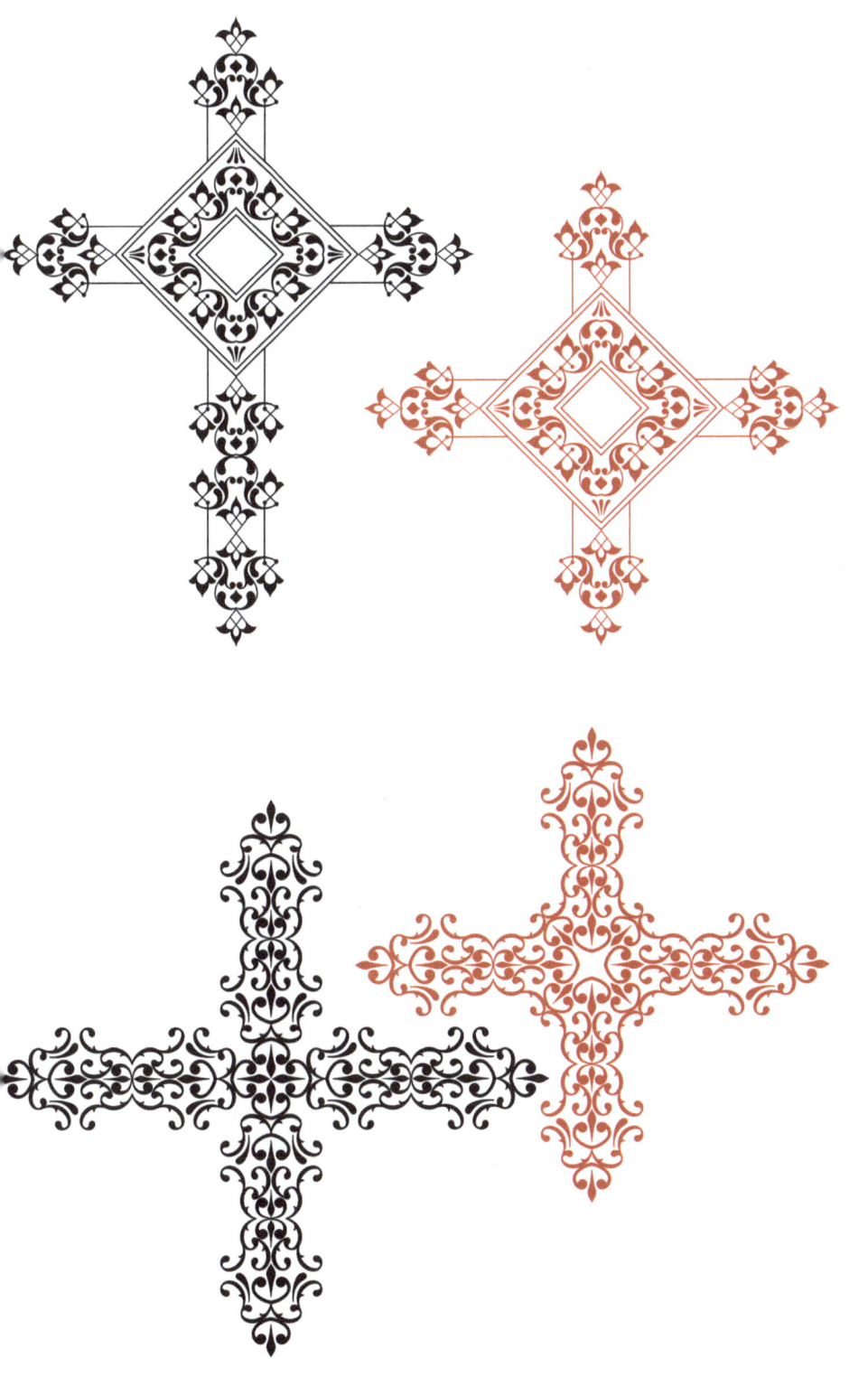

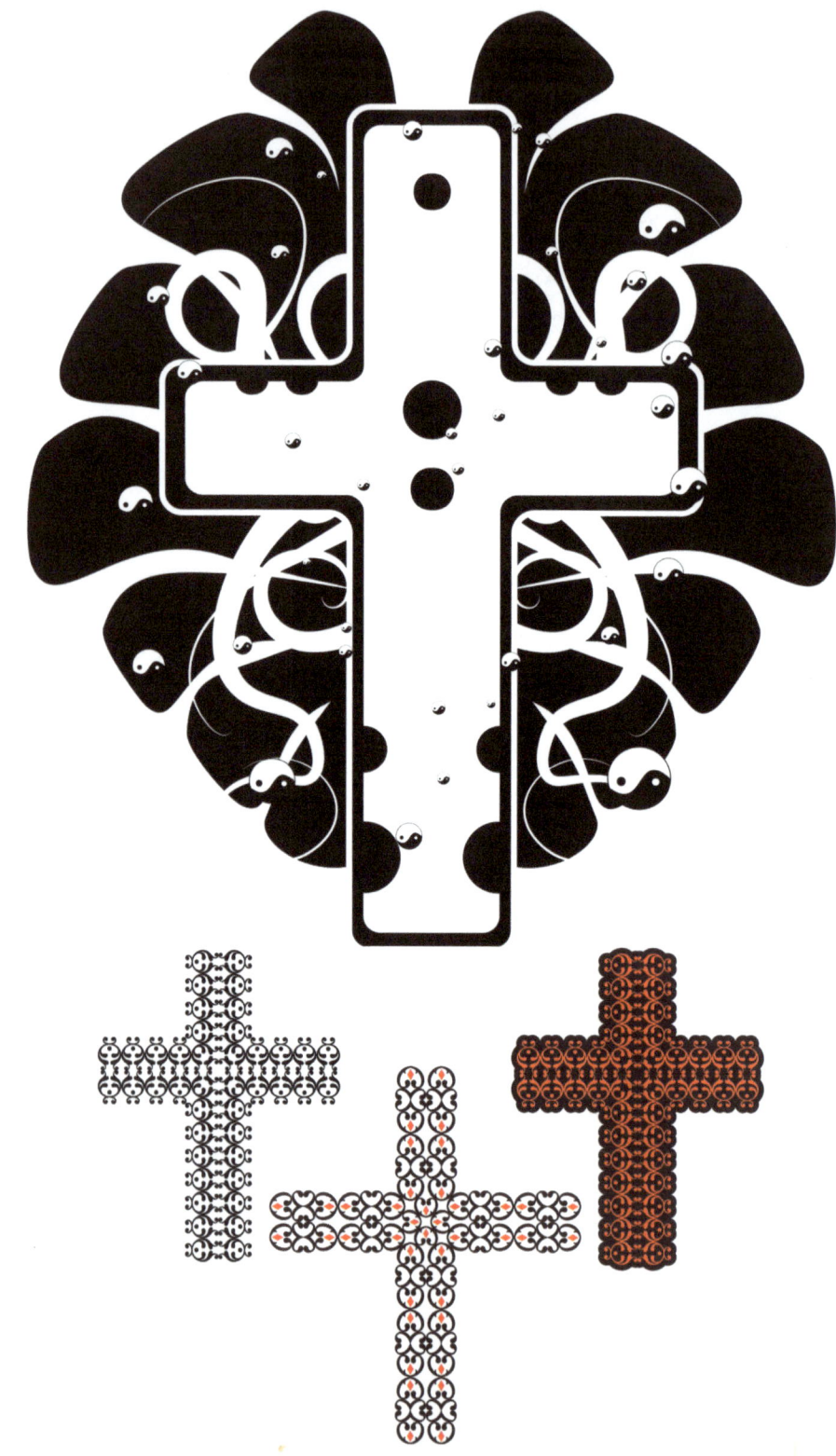

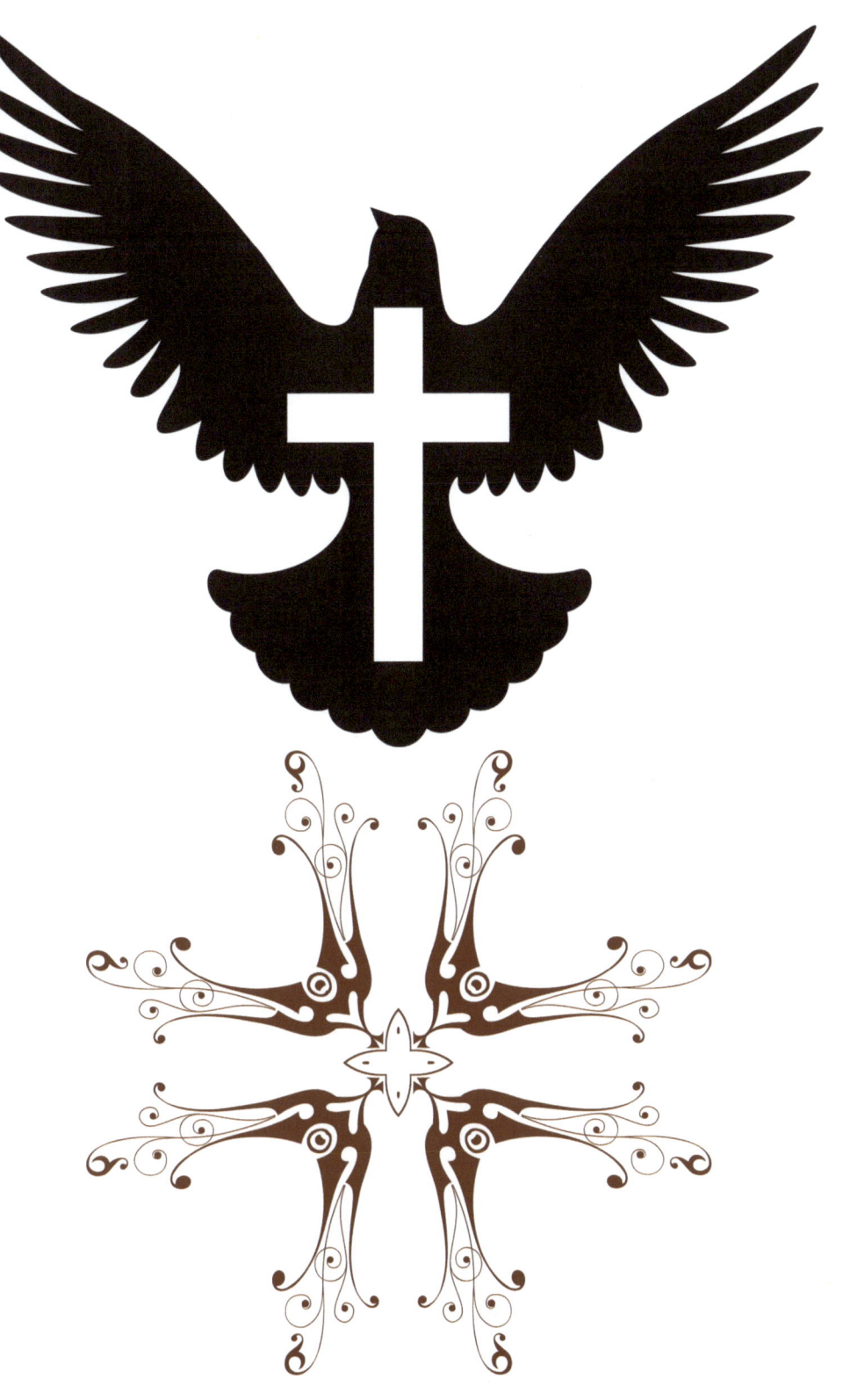

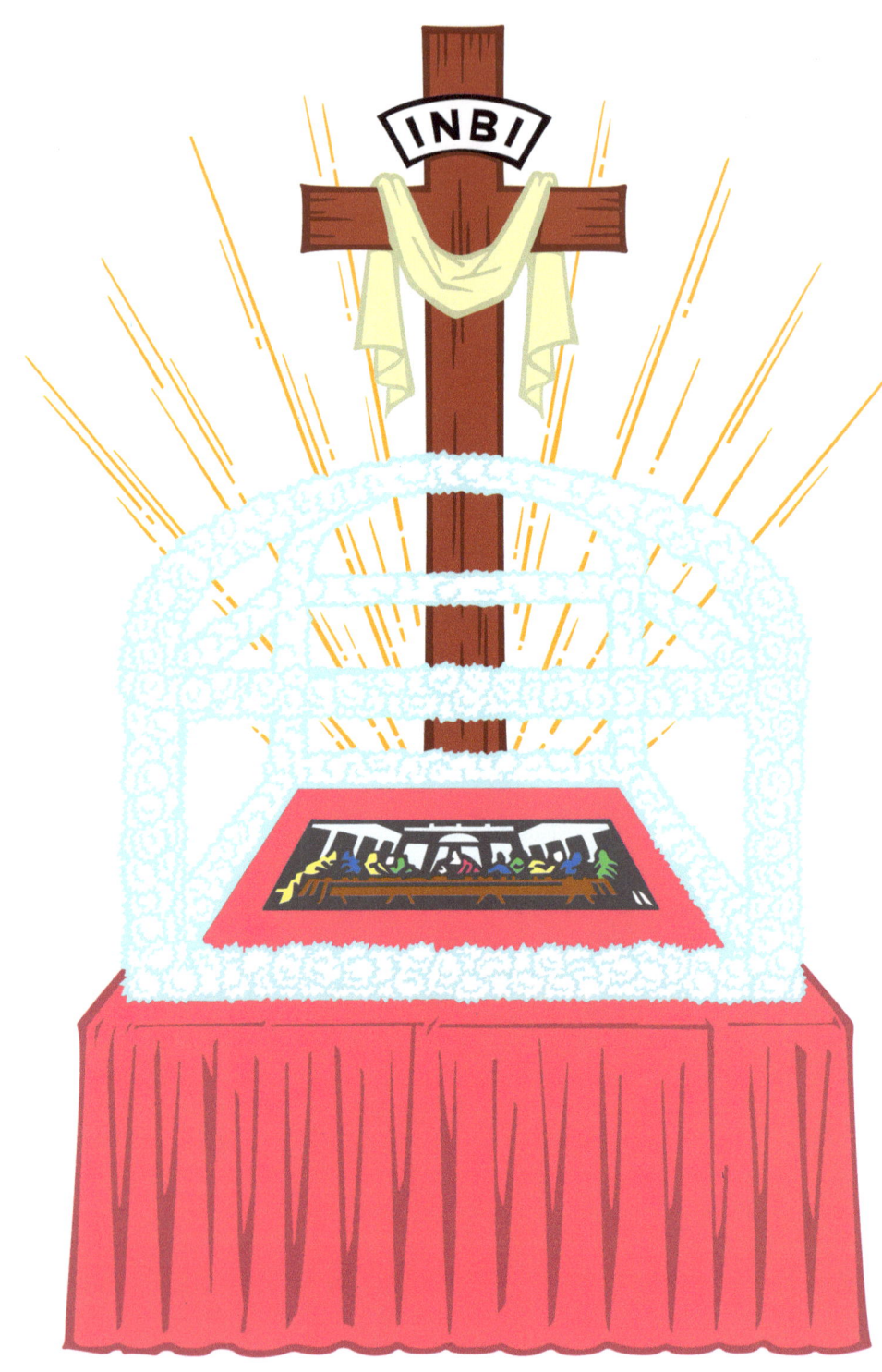

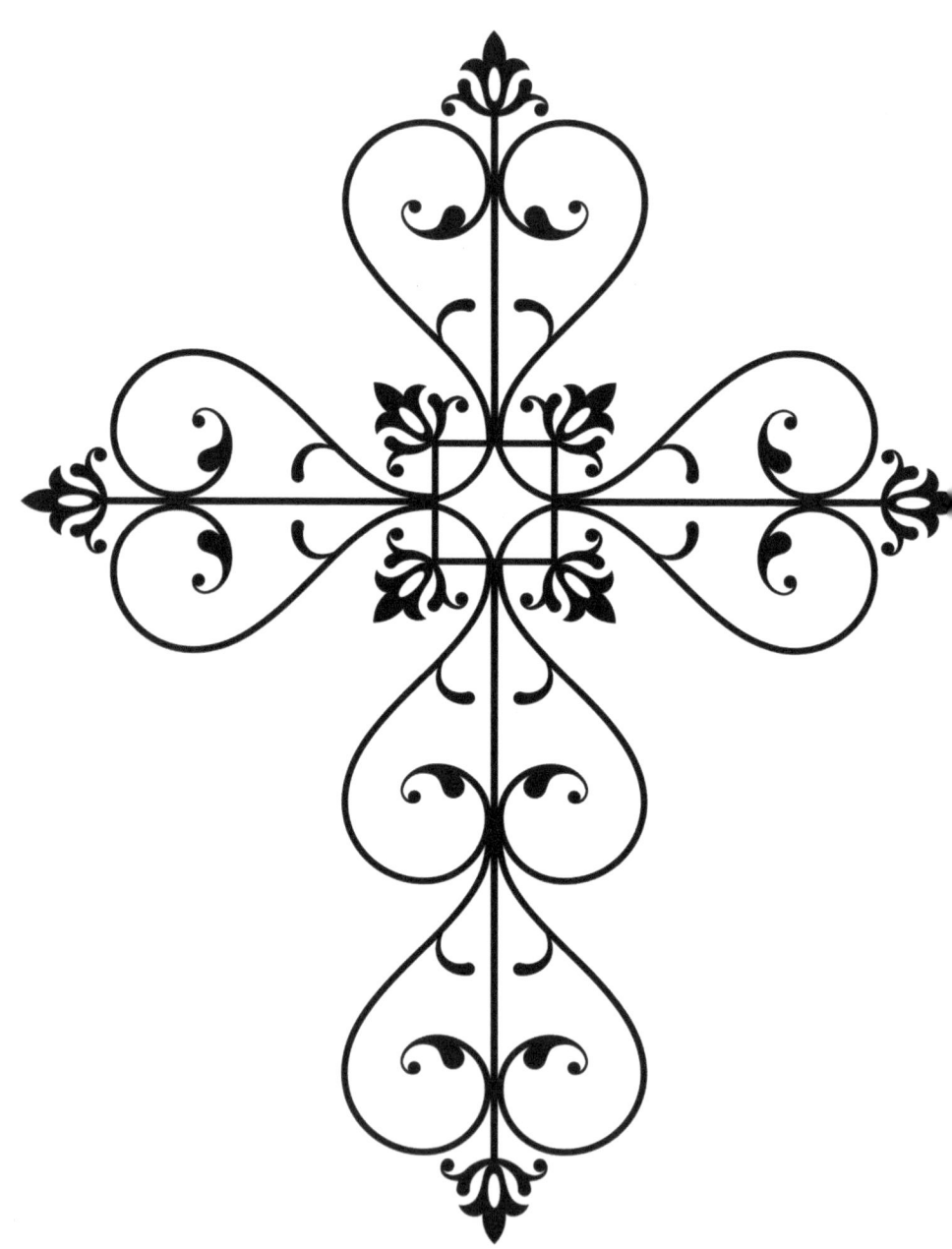

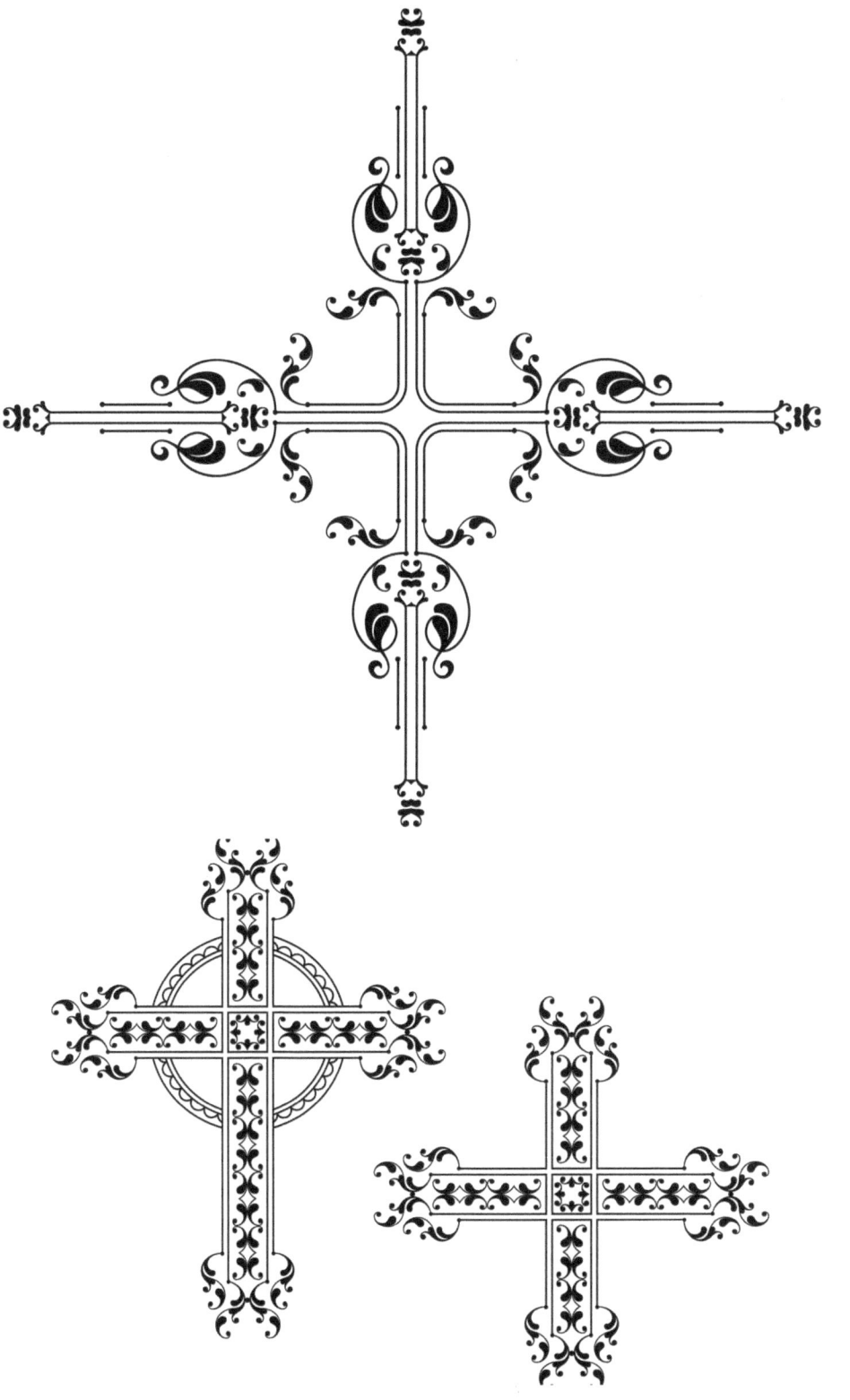

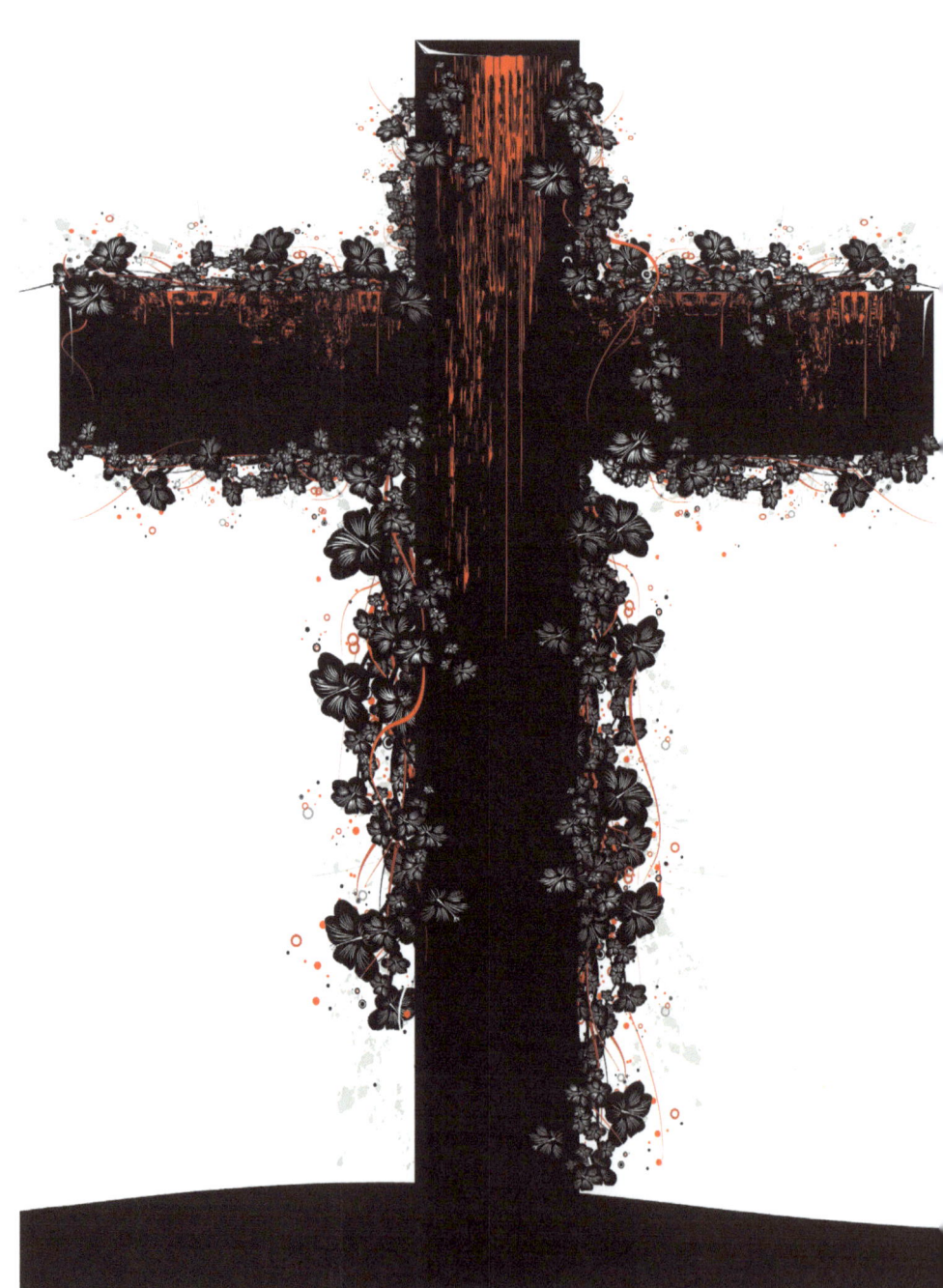

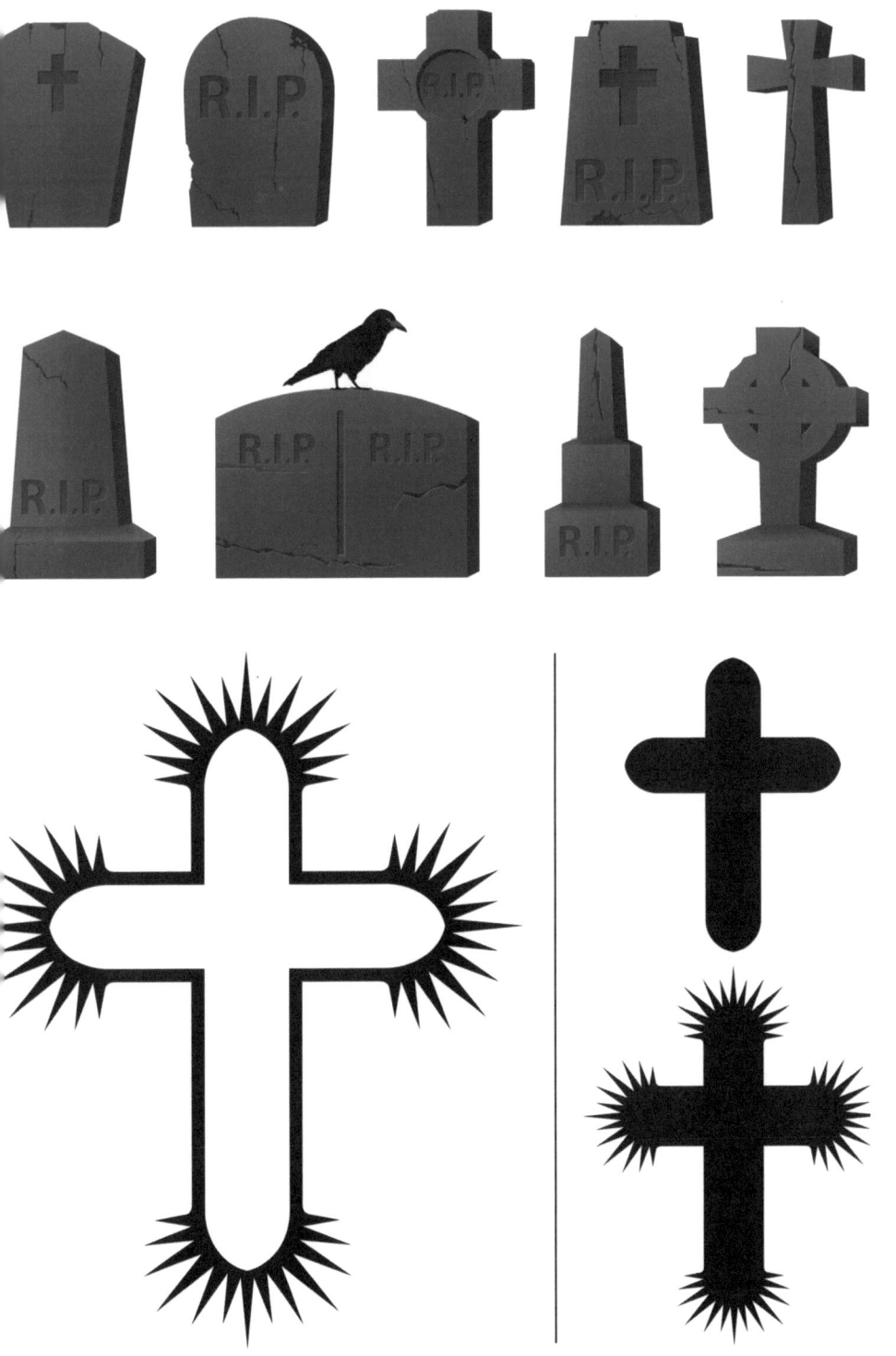

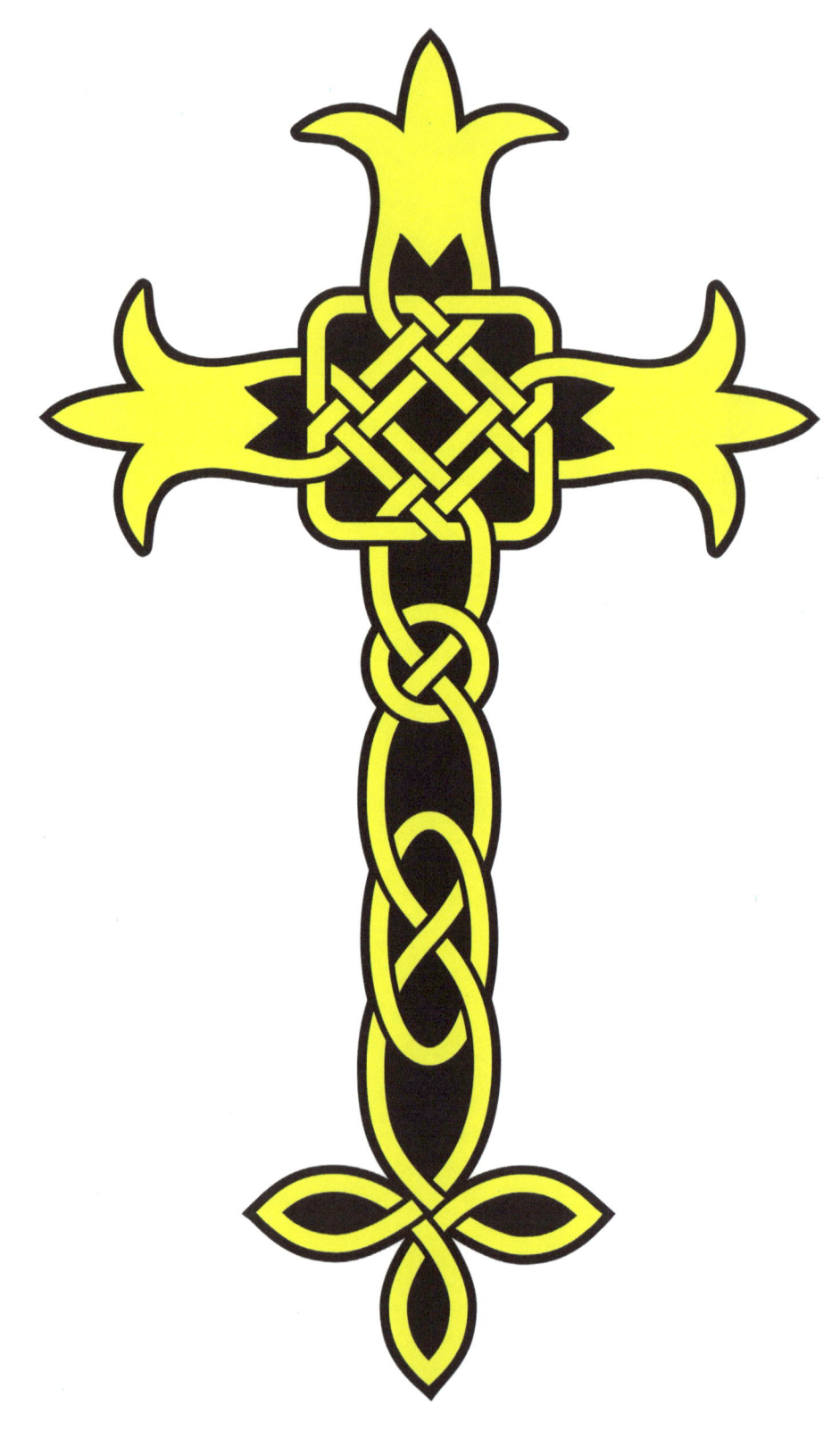

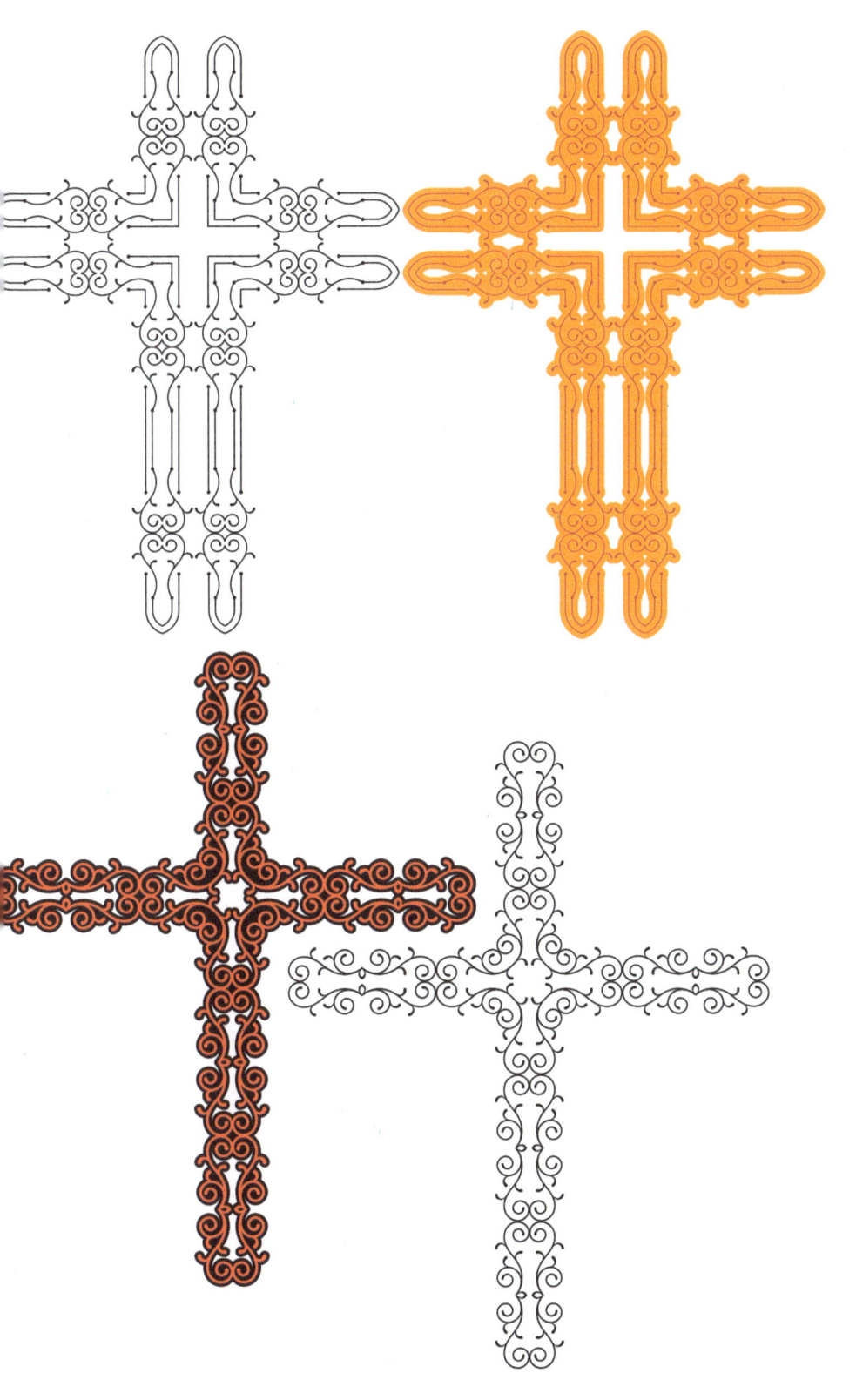

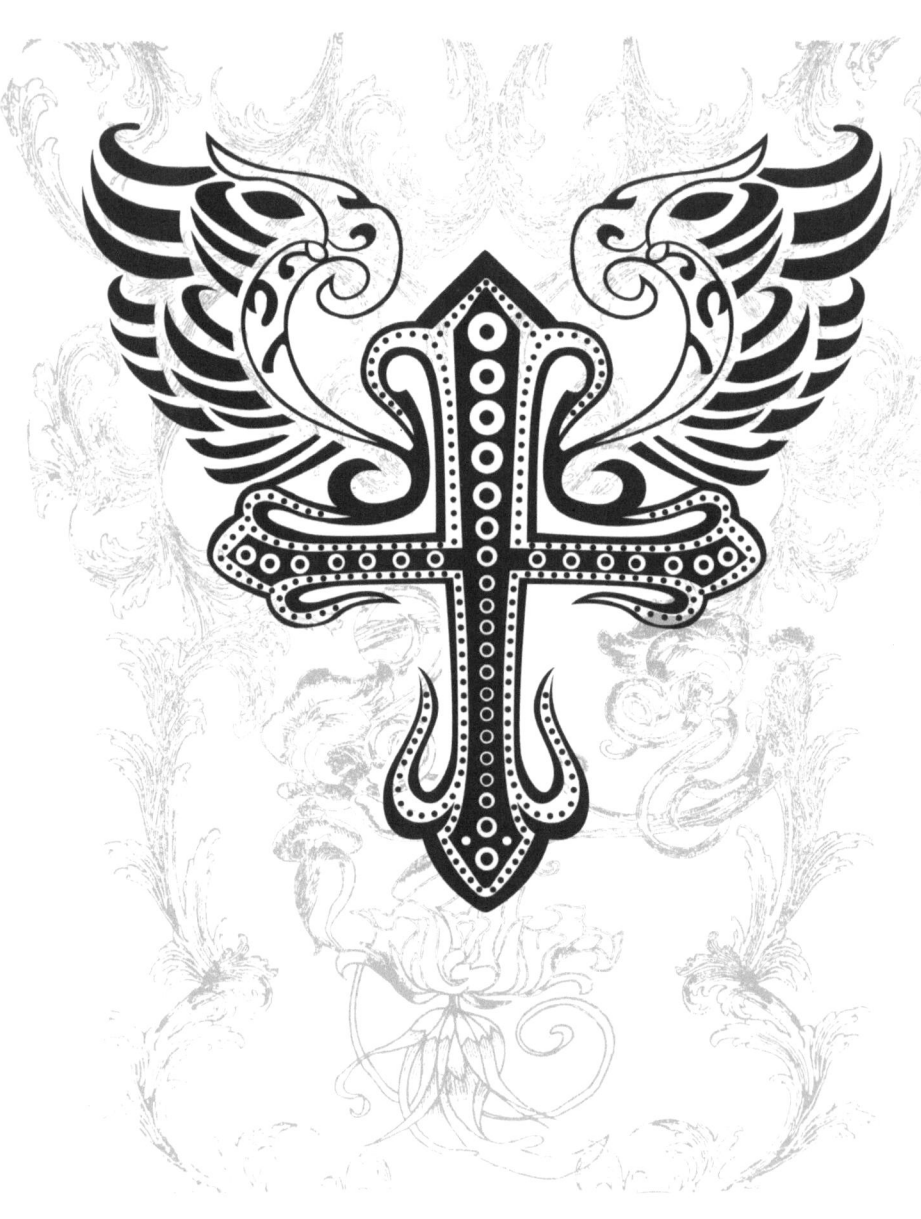

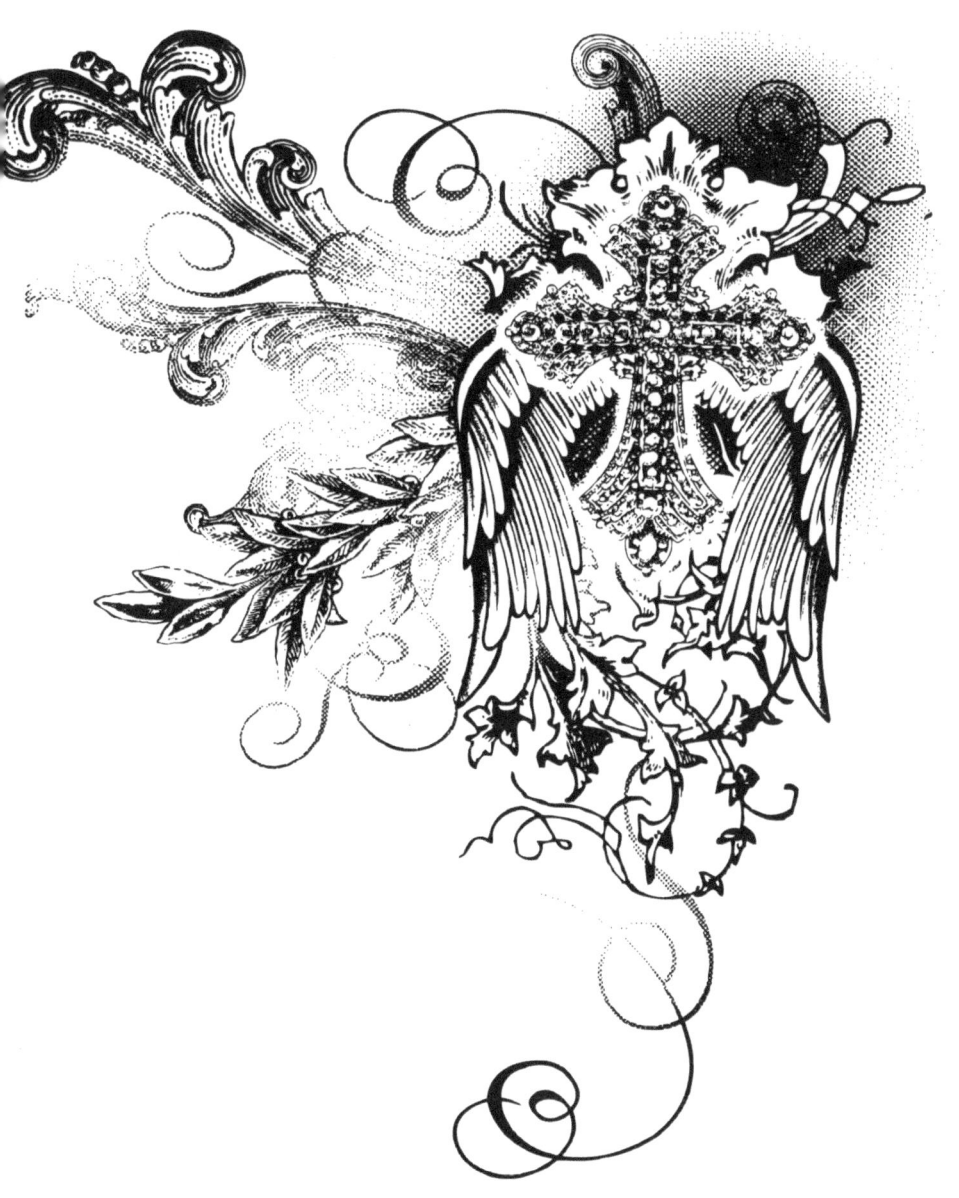

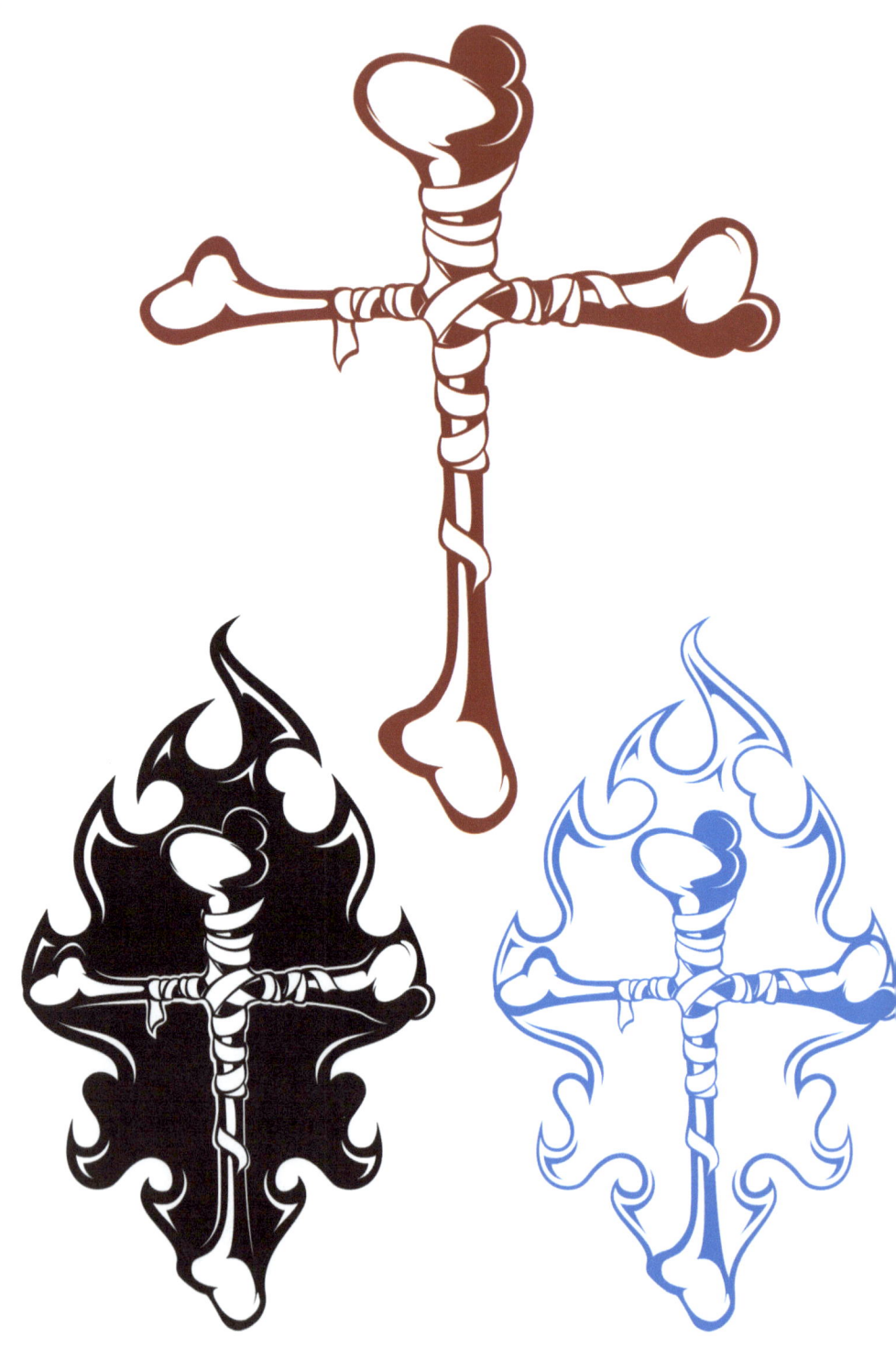

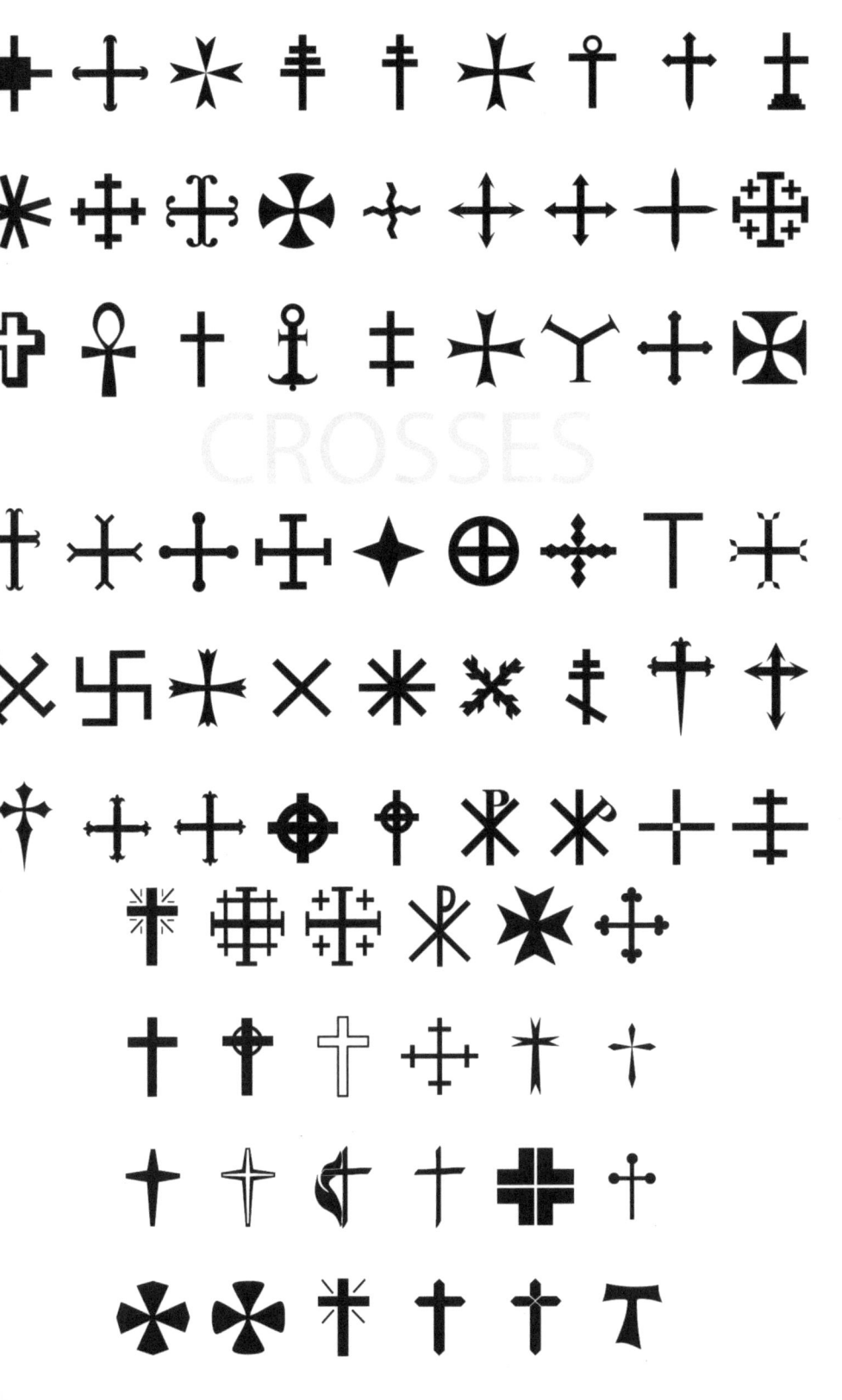

CROSSES

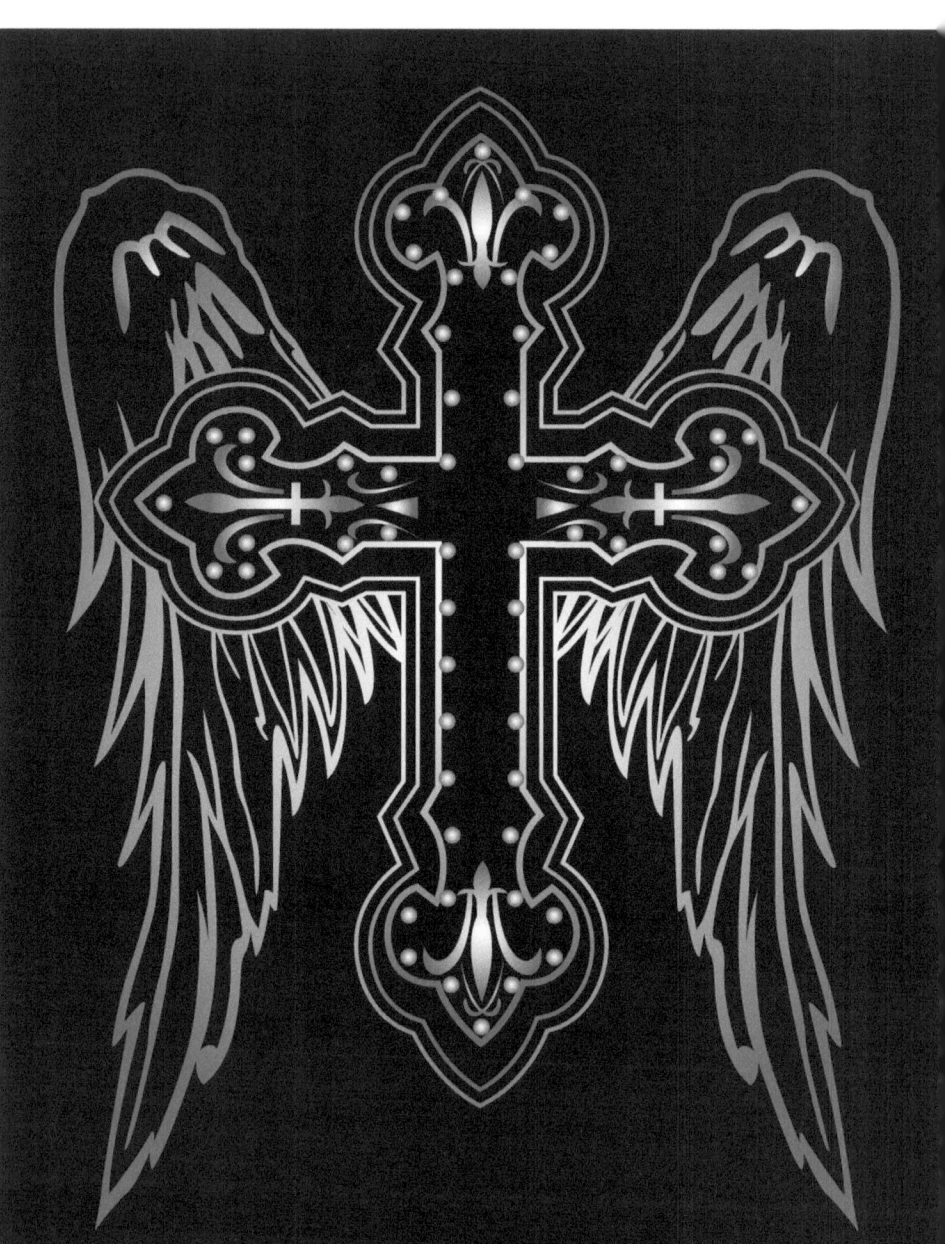

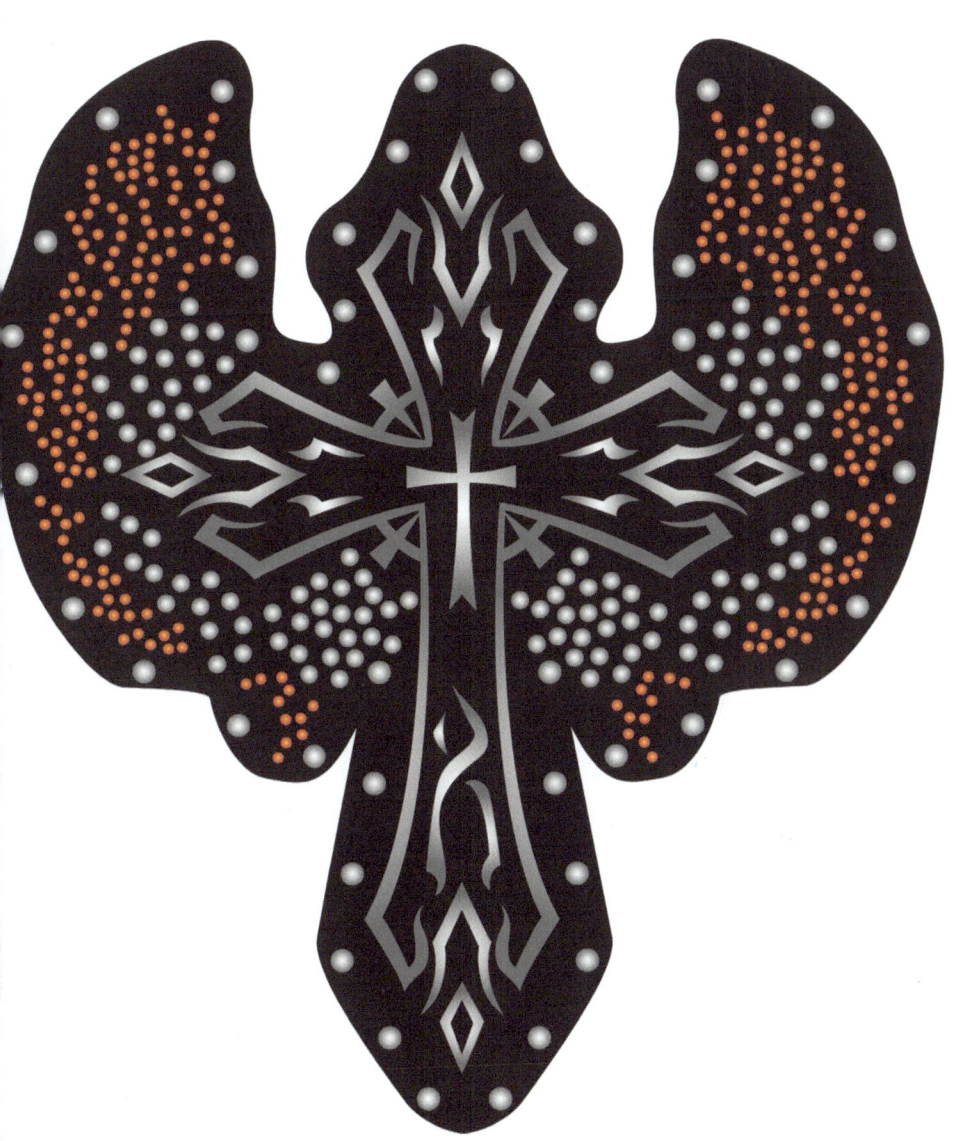

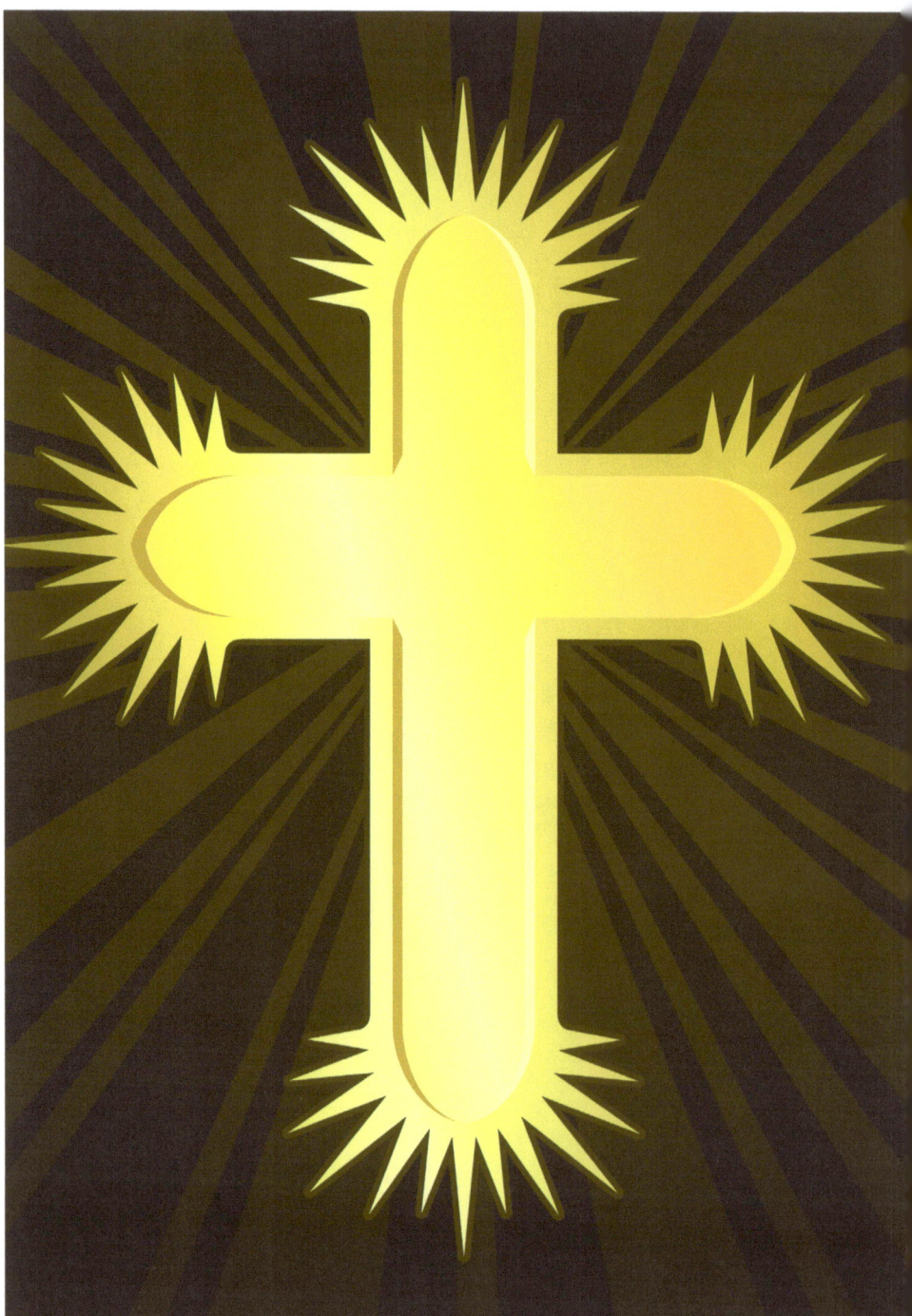

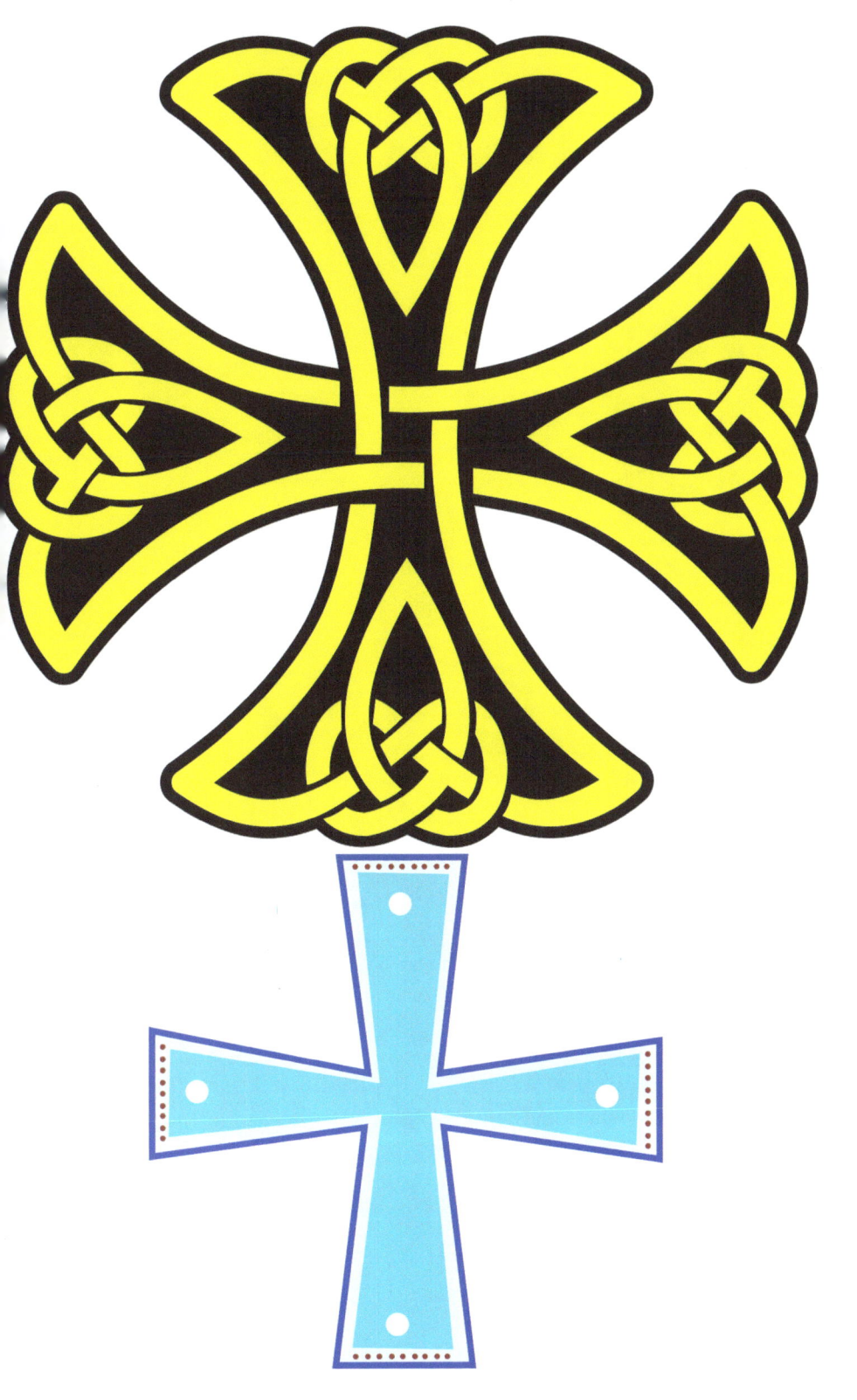

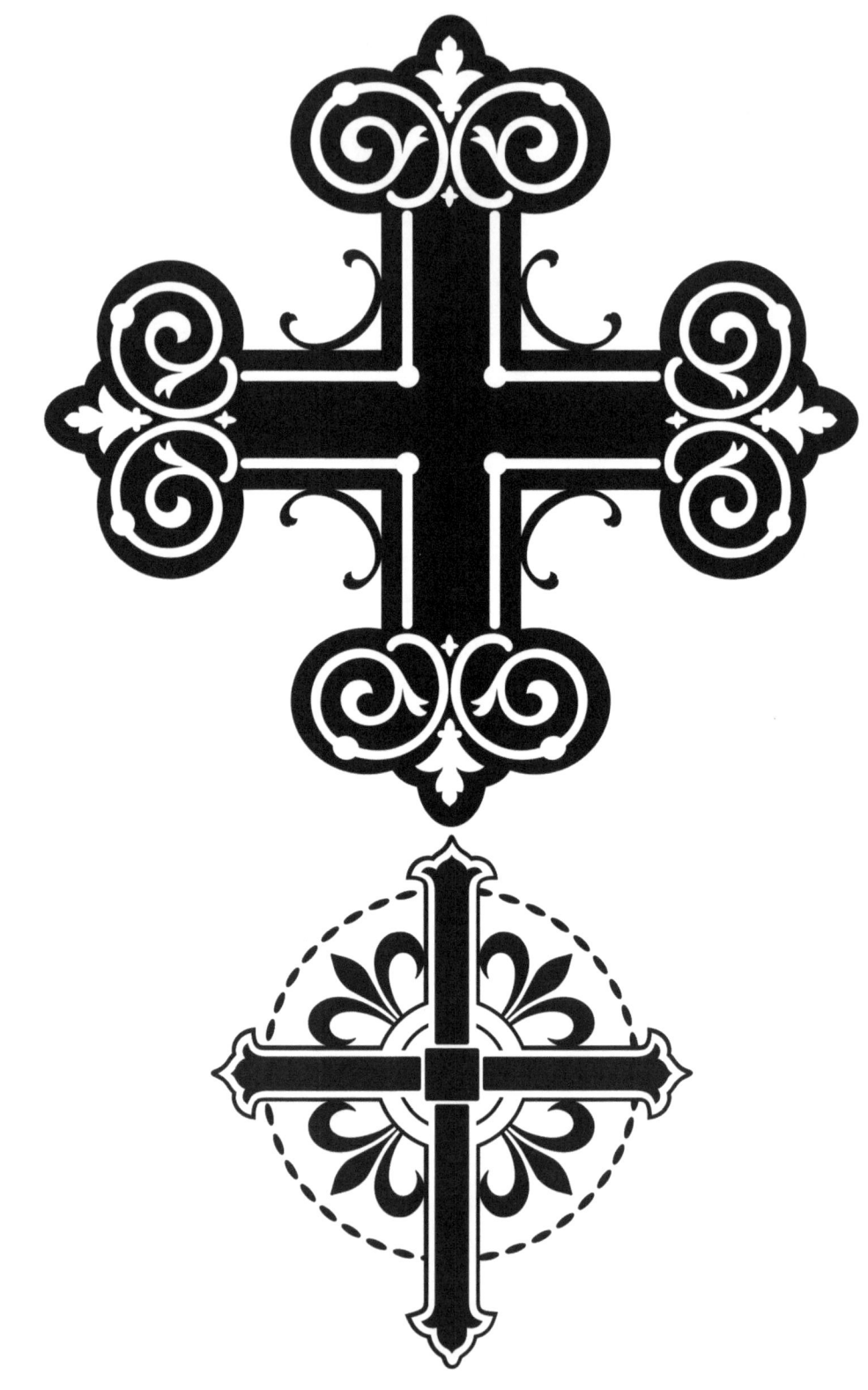

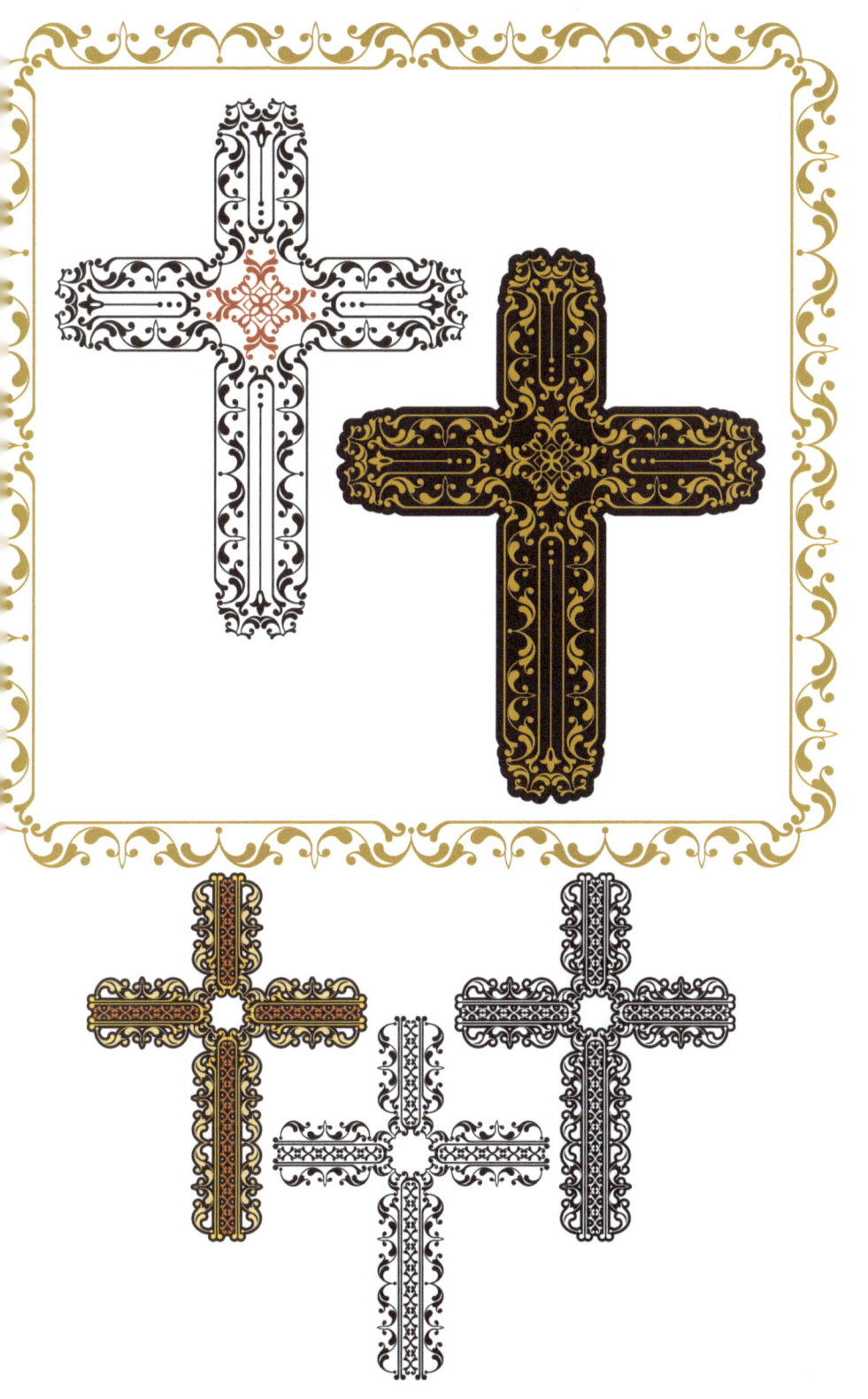

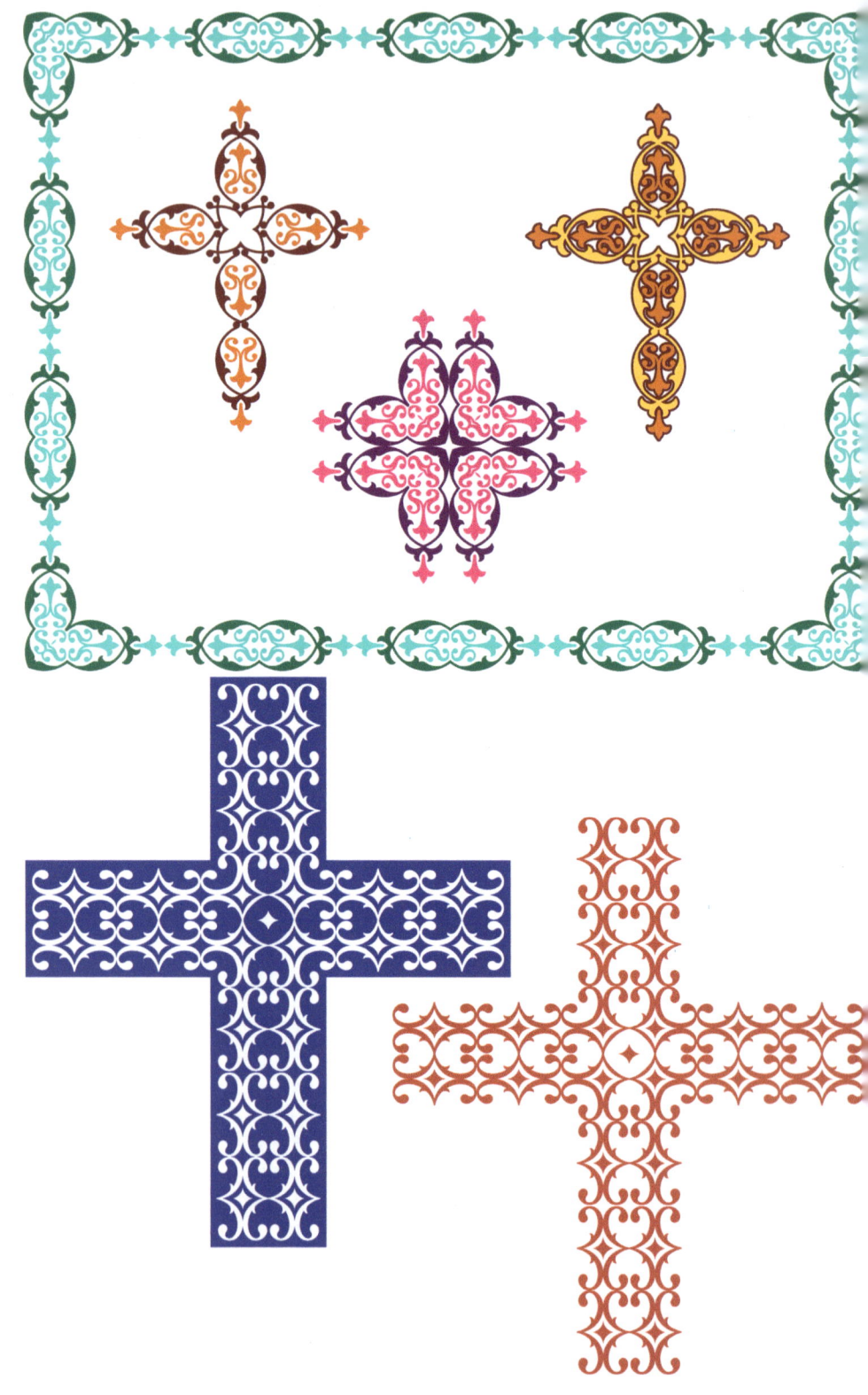